I0674765

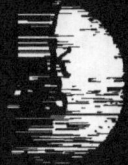

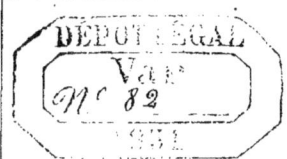
ARCHIVES CIVILES

DE

LA CADIÈRE.

Iʳᵉ PARTIE.

ARCHIVES ADMINISTRATIVES.

ARCHIVES ADMINISTRATIVES

OU

CAPITOULS

DE LA CADIÈRE,

CHOIX

D'ORDONNANCES MUNICIPALES ANTÉRIEURES AU XVIIe SIÈCLE

ET RELATIVES AUX BONNES MOEURS ET A LA POLICE,

Par l'Abbé Magloire GIRAUD,

Chanoine honoraire de Fréjus et d'Ajaccio,

CORRESPONDANT DU MINISTÈRE DE L'INSTRUCTION PUBLIQUE POUR LES TRAVAUX
HISTORIQUES, DE L'ACADÉMIE DES SCIENCES, AGRICULTURE, ARTS ET BELLES-
LETTRES D'AIX, DE LA SOCIÉTÉ ACADÉMIQUE DU VAR,

RECTEUR DE SAINT-CYR.

Cari sunt parentes, cari liberi, propinqui, familiares ;
sed omnes omnium caritates patria una complectitur.
(Cic. de offic. lib. 1.)

TOULON,

IMPRIMERIE D'E. AUREL, RUE DE L'ARSENAL, 13.

1851.

À LA MÉMOIRE

du Très-Honorable Vicomte

Etienne–Frédéric–Auguste PORTALIS,

CONSEILLER A LA COUR ROYALE DE PARIS,

DEUX FOIS

Député du Var à l'Assemblée législative,

MEMBRE DE LA LÉGION-D'HONNEUR.

———

Modeste Monument d'une obscure Amitié.

AVANT-PROPOS.

Il est peu de communes rurales, parmi celles dont
l'origine accuse des temps anciens, qui aient eu le
bon esprit de conserver leurs archives. Les unes, par
une négligence inconcevable, les ont laissé dilapi-
der ; les autres les ont livrées aux flammes en haine
de la féodalité ou des titres nobiliaires et pour obéir
aux prescriptions légales d'une fatale époque ; et pour-
tant rien de plus précieux que ces poudreux par-
chemins et ces vieux papiers.

Envisagées sous le point de vue des études historiques, les archives communales tirent leur intérêt,
soit de l'antiquité des documents, soit de leur rareté,
soit enfin des détails nombreux qui peuvent y être re-
cueillis. En général, elles contiennent assez de maté-
riaux pour tracer un tableau exact de la primitive
administration du pays, et les faits qui entrent plus
ou moins pertinemment aujourd'hui dans les recherches de l'économie politique s'y présentent quelquefois dans une naïveté charmante.

La paléographie trouve un double intérêt d'art et de science dans la recherche des monuments qui remontent au berceau de la civilisation chrétienne. Une grande valeur s'attache aux chartes, écrites avec une richesse de calligraphie qui caractérise les monuments du moyen-âge; et aux autographes des personnages célèbres.

« Quelque soit le genre des documents, l'histoire et l'économie publique peuvent y puiser des détails et des aperçus féconds. *Outre les actes émanés des princes et des hauts barons, les plaids et leurs instruments*, les titres ecclésiastiques, les pièces comptables elles-mêmes et leurs inventaires révèleront à des investigations érudites et intelligentes une foule de faits précieux et importants ; transformation successive de la langue, législation et coutumes, état des personnes et des propriétés, développements de l'agriculture et de l'industrie, valeur des terres et des productions, impôts, mesures et monnaies anciennes, ce sont là autant de sujets qui devront, grâces aux archives, s'éclairer tôt ou tard de lumières nouvelles. . . . . . »

« Sous le point de vue purement local, un vif intérêt s'attache encore aux études sur la topographie et la statistique, dont les chartes possédent les éléments. L'Histoire architecturale des anciens monuments, qui dans ces derniers temps a donné lieu à de remarquables travaux, se retrouve dans les papiers

ecclésiastiques. « (1). En un mot les archives sont
en quelque sorte la collection des preuves des his-
toires locales. Elles renferment non seulement les
titres authentiques des concessions des franchises municipales, mais encore les registres des délibérations
et actes du corps municipal, les registres de l'état civil, les pièces de propriété ou de procédure concer-
nant les intérêts et l'administration de la commune.
C'est dire assez leur importance.

La Cadière a donc été bien inspirée, quand elle a
soustrait aux dévastations révolutionnaires ses archives, qui datent du XIIIe siècle ; car pour ce qui concerne les époques primitives de ses annales, il faut
recourir aux chartriers et aux cartulaires de l'abbaye
de Saint-Victor, où sont conservés les titres anciens.
On sait que les maisons religieuses seules eurent dans
les premiers temps des archives à demeure. Mais
vers le XIIe siècle, après que la féodalité eût fondé ses
châteaux et que les villes eurent commencé à con-
quérir leurs franchises, les documents de diverses na-
tures s'entassèrent dans les archives municipales et
se multiplièrent par les mains des tabellions et sous
l'influence des jurisdictions nouvellement organisées.

Amené par mes goûts autant que par l'amour du
sol natal à explorer d'une manière spéciale les archives de la Cadière, ce travail m'a donné lieu

(1) Duchâtel. Rapport sur les Archives départementales et communales.
1841.

de reconnaître que toute l'histoire municipale de cette petite ville se retrouve dans ce dépôt, le plus riche de la contrée. J'ai pu y recueillir assez de documents pour publier divers mémoires que mes compatriotes, je l'espère, ne liront pas sans intérêt, et d'où sortira une histoire complète de la Cadière, considérée sous le rapport féodal, ecclésiastique et civil. A ce plan se rattachent des études sur l'ancien *tauroentum* et sur le prieuré de Saint-Damien, où j'ai consigné les faits de l'époque grécoromaine et du haut moyen-âge, études qui ont obtenu de la science d'honorables encouragements, dans lesquels j'ai puisé la résolution de continuer mes recherches et d'en publier le résultat. Puisse ce premier mémoire, consacré aux *archives civiles de la Cadière*, être digne de l'accueil fait à ses aînés, et ouvrir à ceux qui en seront le complément, une carrière qui leur assure l'honneur des mêmes suffrages !

ERRATA.

Page 26, ligne 7, *lisez*   publique *au lieu de :* pubique.
— 15, — 5, —   siègeaient —   siègeaint.
— 94, — 28, —   myrte   —   myrthe.
— 100, — 5, —XVI^eet XVIIe siècles—   XVe siècle.
— 112, — 9, —   concession —   concssion.
— 100, — 9, —   *pataqus*   —   *pataques.*
— 101. — 12, —   *carenum*   —   *calenum.*
— 108, — 16, —   *lechos*   —   *lekos.*
— 110, — 16, —   pillage   —   pilage.

CAPITOULS

DE LA CADIÈRE.

La Cadière, formée des débris de la population de *Tauroentum*, avons-nous dit ailleurs (1), s'accrut et se développa sous la domination pacifique des moines de Saint-Damien, qui en furent les co-seigneurs avec la puissante maison des Baux, jusqu'à ce que, par des ventes et des donations successives, cette terre seigneuriale devint l'exclusive possession de l'abbaye de Saint-Victor, d'où les religieux de Saint-Damien étaient sortis. Sous l'une comme sous l'autre juridiction les habitants de la Cadière conservèrent le droit de faire des lois ou réglements, appelés *capitouls*, et de se choisir des magistrats pour administrer les affaires communes.

Ce droit de faire des règlements et d'élire des magistrats était un reste de la municipalité romaine, établie à Tauroentum ; mais ce droit n'était point une preuve

d'indépendance ni une prérogative de république, et
c'est par un abus de ce mot que la petite ville de la Cadière se qualifia, comme tant d'autres (2) au milieu du
XVIe siècle, du nom de *république* parce qu'elle eût une
administration libre à certains égards, mais non indé-
pendante, puisque rien ne pouvait être statué dans les
assemblées du peuple que du consentement du prieur de
Saint-Damien . et, dans la suite, du Baile ou du Viguier,
qui représentaient l'autorité seigneuriale.

En ce moment, où les provinces, trop longtemps ser-
ves et sujettes de Paris, commencent à soupirer après
la décentralisation administrative, il n'est pas hors de
propos de rappeler les statuts municipaux et certains
usages pratiqués par nos pères, en ce moyen-âge tant
représenté comme une époque de tyrannie dont l'huma-
nité est enfin sortie pour arriver à notre siècle, où l'on
est si libre, comme on sait. Surtout il est bon de remarquer que toutes ces réformes que nos législateurs ac-
tuels veulent introduire dans le régime municipal, et tout
ce que les communes réclament de franchises et de libertés, nos pères en jouissaient déjà, ayant eu le bon
sens d'en faire la base de leur administration communale :
tant il est vrai de dire avec le plus sage des rois : *nihil
sub sole novum.* Seulement, était-ce bien la peine de faire
tant de révolutions pour arriver précisément au point de
départ ?

Voici donc comme s'administrait la petite ville de la
Cadière pendant qu'elle était soumise aux abbés de Saint-
Victor.

De temps immémorial les assemblées municipales se

tinrent à la porte de l'église ou sur la place publique, appelée *place de Sainct Jehan*. Ce ne fut qu'au milieu du XVIe siècle, et quand les guerres civiles eurent montré le danger de ces rassemblements, qu'on se réunit dans le local de la confrérie du Saint-Esprit, appelé *Ostal de Sant Esperit*, ou dans la chambre commune de l'horloge. Cette coutume de s'assembler en plain air pour agiter les intérêts du pays était une réminiscence des mœurs antiques, et s'observait alors dans les villes les plus populeuses comme dans les plus obscurs villages, car nous savons que le conseil général, composé de tous les chefs de famille de Toulon, se réunissait sur la place publique à l'ombre de quelques arbres (*in banco lapideo palatii subter morum ubi consuetum est dictæ civitatis more solito congregari*) (3). Nous savons aussi que la population d'Arles, où les goûts de la civilisation ancienne continuèrent de se faire sentir sous le régime féodal, se plaisait aux réunions en plain air, sur le *plan de la cour*, qui, lui, rappelait le *forum* romain.

Dans ces assemblées générales, le peuple de la Cadière discutait les intérêts de la communauté et nommait des procureurs (*procuratores*) pour gérer les affaires publiques. Ces procureurs furent remplacés, vers la dernière moitié du XIVe siècle, par des syndics, appelés quelquefois *ministrals*, qui devinrent successivement des consuls. Ceux-ci étaient élus à Noël. Ils eurent d'abord le manteau pour signe distinctif, et obtinrent ensuite le droit de porter le chaperon, qui devait être en satin bleu avec des rubans couleur feuille morte (changé en 1739 en velours rouge doublé de satin jaune), marque de magistrature

que, sur l'avis d'Antoine de Bourbon, abbé de Saint-
Victor qui se qualifie de *frère naturel et légitimé du roi*,
leur accorda Louis XIII. attendu, est-il dit dans les lettres patentes (4), que les consuls de la Cadière remplis-
sent des charges publiques importantes, comme de faire
la garde continuelle de la côte, d'assembler le peuple pour
empêcher la descente des corsaires, etc.

Le 1er janvier, jour fixé pour l'installation des nouveaux consuls, ceux-ci se rendaient à l'église paroissiale
où ils assistaient, avec l'ancien État, à la grand'messe que
célébrait ordinairement le curé, après laquelle ils prê-
taient serment entre les mains du Viguier, et ils disaient
en touchant les saints évangiles (5) : *Nous jurons sur ces
saints évangiles de maintenir, garder, conserver, défendre et faire inviolablement exécuter tous les privilèges, libertés, immunités, statuts, usages, coutumes louables
anciennes et modernes du peuple de la Cadière.* L'histoire
ne dit pas qu'ils aient jamais violé ce serment. Faire les
affaires du pays qui les avait honoré de sa confiance, maintenir ses libertés et ses franchises, veiller à ses intérêts
et les défendre, voilà quel était leur but, et leur récompense était d'aller servir les pauvres de l'hôpital Sainte-
Marthe, dont ils étaient les recteurs-nés en sortant du
consulat. Ils allaient s'y installer en grande cérémonie,
au son des fifres et des tambours et à la clarté des flam-
beaux la veille de Noël, et selon l'antique usage qui,
à pareil jour, réunit tous les membres d'une même famille autour d'une grande table où l'aïeul, après avoir
posé *cachofuec* (6), rompt et distribue à de nombreux enfants le pain *calendau* (7), ils y prenaient, eux pères du

peuple , une légère collation avec les pauvres , déshérités de famille et devenus leurs enfants adoptifs ; collation bien frugale s'il faut en juger par celle de l'année 1743, qui coûta (qu'on me passe ce minutieux détail) 8ˡ 9ˢ, et qui consista en deux bouteilles de vin blanc , quelques livres de pain et du fromage ; à quoi il faut ajouter deux chandelles pour éclairage de la salle : coutume naïve et pleine d'enseignements que nos magistrats puisèrent dans la charité évangélique , et que notre siècle a répudiée comme tant d'autres saintes coutumes, qui s'en vont une à une , nous laissant pour adieux des souvenirs et des regrets.

A mesure que la population augmenta , les assemblées devinrent tumultueuses. La divergence des votes , les prétentions des uns , l'opposition des autres donnaient lieu à des dissensions intestines , à des rixes même, que le baïle, chargé de maintenir le bon ordre et la liberté des suffrages , ne parvenait pas toujours à calmer. D'ailleurs , on sentit combien l'expédition et le succès des affaires souffraient de la nécessité de convoquer souvent ce parlement (*parlamentum*), comme s'appelaient alors ces assemblées générales. Il devint nécessaire de former des règlements approuvés par le seigneur et par l'autorité supérieure , actes qu'on qualifia du nom de concessions, quoiqu'en réalité ils fussent seulement la confirmation et la réforme des usages ou droits anciens.

D'après ces règlements, l'universalité des habitants nommait deux syndics ou consuls pour régir les affaires publiques , et six conseillers pour les assister ; c'était le conseil de ville (8), qui fonctionnait déjà dès la fin du XIVᵉ

siècle, comme cela paraît par une lettre de Pons, juge de
Marseille, du 8 avril 1400, adressée *sindicis universitatis
et concilio castri de Caderia* (9), et par un acte du 10 mai
1406, passé *congregato consilio castri de Caderia videli-
cet in quadam arca ante portale ipsius castri* (10); mais
comme les intrigues et les cabales des prétendants avaient
plus d'une fois causé du tumulte et même des troubles,
on détermina que les syndics quitteraient leur place après
un an d'exercice et les conseillers municipaux après deux
ou trois ans, mais que les uns et les autres auraient le
droit de désigner leurs successeurs, à la charge néan-
moins de ne les prendre que dans un rang, une condition
et une profession désignés. Telle fut la forme administrative jusqu'au XVIIe siècle, où la formation du corps
municipal subit une nouvelle modification, à laquelle en
ajouta d'autres le règlement du 14 mai 1732, modifié à
son tour par celui du 6 juillet 1769, qui est remarquable.

Avant comme après la nouvelle organisation municipale, toute assemblée générale devait être convoquée à
son de trompe dans les lieux accoutumés, par le crieur public (*per præconem publicum sono tubæ*) et au son de la
cloche (*sono campanæ ut mos est*), réunir les deux tiers
des chefs de famille, appelés *caps d'ostal*, et se tenir,
sous peine de nullité, en présence du juge seigneurial
qu'on faisait avertir tout simplement par le sergent de
ville, malgré ses prétentions maintes fois renouvelées,
d'être conduit à l'assemblée lors de l'élection consulaire
et d'être reconduit dans son domicile par le corps municipal, comme cela se pratiquait ailleurs; cérémonial tou-

tefois auquel les consuls de la Cadière furent soumis par un arrêt du parlement du 8 mai 1732 (11) , sous peine , en cas de refus , d'une amende de 300 livres.

Les réunions ordinaires se tenaient tantôt chez le baile, tantôt chez le premier consul , mais plus souvent dans le local affecté aux assemblées générales.

Il n'échappera pas au lecteur que l'organisation actuelle de l'administration municipale, confiée à des maires , adjoints et conseillers , est exactement calquée sur ce qui existait depuis quatre ou cinq siècles. Sur deux syndics, le premier [était spécialement le pouvoir exécutant ; l'autre, n'agissant qu'en son absence , ne doit , à proprement parler, être considéré que comme les adjoints. Les conseillers avaient les mêmes droits et prérogatives que ceux d'aujourd'hui, et la nomination des chefs du corps municipal , expression du suffrage universel, devait comme en ce moment être confirmée par l'autorité supérieure.

N'est-ce point par le même motif des inconvénients qui peuvent résulter de la réunion d'une trop grande multitude, que de nos jours on a émis le vœu de restreindre à un plus petit nombre les électeurs appelés à nommer les représentants chargés de défendre les intérêts du pays ?

Comme dans ces temps anciens on ne séparait pas le droit du devoir , les statuts municipaux de la Cadière punissaient sévèrement les chefs de famille qui s'absentaient des assemblées générales, ou, pour me servir des expressions même du statut (12) : *tous caps d'ostal que non sera attrobat à l'ostal de Sant Esperit et a quo sus la peno de sous v* (13). Cette pénalité atteignait plus particulière-

ment les consuls et les conseillers négligents ou insou-
ciants de leur devoir, car voici l'ordonnance municipale
qui les concerne ; il était rationnel que l'homme établi
pour faire exécuter la loi , n'en fut pas lui- même af-
franchi :

Hordenanso facho en lo luoc de la Cadiera per mesenhors sindigues et consel del present an et a quo subre la
elesion de mesenhors sindigues et to lo consel cant non
s'attrobaran en lo luoc ques estat hordenat la some que
devon pagar.

Lan mil v^c et xxxvij et lo jort xxviiij del mes de geno-
vrier (*janvier*) avistat lo honorable consel del luoc de la
Cadiera et en la maison de sen. Salvador Bernard et davant mosur lo baile mestre Esteve Nigri tos en bon acordi
et union an hordenat et fach ordenanso entre elos que
cant dengun manquara au consel ho en la cort que devon
pagar come sen siec :

Et primo los sindigues en consel *g(ros)* ij p(er) home.

Item mais los sindigues en la cort   *g*iiij p   home.

Item mais los conseliers cant non seran en consel ho en
autre part come es agut hordenat   *g*j p   home.

(Libre de las ordenansos fachos per mesenhors
sindigues del luoc de la Cadiera de levescat de
Marseilha. Registre n° 1. fol. 36.)

La présence du peuple de la Cadière et de ses délégués
ainsi assurée, la loi municipale était véritablement alors
l'expression de la volonté de tous.

C'est dans ces assemblées municipales que furent faits
les statuts, communément appelés *Capitouls*, parce qu'ils

étaient divisés en petits chapitres (*capitula*) ou articles. Ces statuts, dont quelques-uns datent du XIVe siècle, réglementaient avec une minutie étonnante tout ce qui tenait aux intérêts publics et privés. Rien de plus curieux assurément que ces lois communales où viennent se refléter l'esprit, les mœurs et les tendances de l'époque. Aucun détail, quelque puéril qu'il soit, n'est négligé. Si elles sont gênantes et restrictives quelquefois, ces ordonnances ne péchent jamais par imprévoyance ou omission. On en jugera par le choix que nous en avons fait, et que nous classons en trois catégories : 1° celles qui concernent les bonnes mœurs et la tranquillité publique ; 2° celles qui sont relatives à la police municipale et rurale ; 3° celles qui ont rapport à la santé et à la sécurité publiques, c'est-à-dire à la défense de la ville et de son territoire dans les cas si fréquents d'invasion ennemie, et à la conservation de la santé des habitants dans les temps d'épidémie et de contagion qui désolèrent si souvent la Provence. La plupart de ces ordonnances, éparses dans les registres des délibérations, et dont la dernière catégorie fera la matière d'un autre mémoire sous le titre d'*Archives historiques* ; ces ordonnances, dis-je, sont écrites en langue provençale. Nous en donnons le texte, autant pour lui conserver sa naïveté originale que pour montrer combien cet idiôme a subi d'altération parmi nous depuis cette époque.

I.

BONNES MŒURS.

———

De tous les devoirs du magistrat, il n'en est pas de plus important que celui de veiller à la conservation des bonnes mœurs, et d'empêcher que les divertissements publics ne dégénèrent en abus. Nos pères comprirent toute l'étendue de ce devoir sacré. Aussi eurent-ils soin de prévenir par de sages règlements tout ce qui pouvait porter la moindre atteinte à la pureté des mœurs.

Jamais ils ne tolérèrent ces scandales publics qui déshonorent une cité et portent la désolation dans les familles. L'ordonnance qui suit en est une preuve incontestable ; elle punit du bannissement une de ces infâmes créatures qui sont le rebut de la société.

Conclusion pour fere sortir de la ville madame de Gap.

1598.
6 février. Le mesme jour que dessus (*mil cinq cens quatre vingt dix huict et le six février*) et par devant que dessus (*le baile, les consuls et les conseillers*) a este propose par le Sr Jehan Laugier consul que Mag^{ne} Rouarde filhe d'Honorat et autre Mag^{ne} Rouarde filhe a feu . . . . . dites Gapettes estant comme il a antendu par ung commun bruit

femes abandonnees au peche de pailhardise (14) qui de-
coivent et attirent non seullement les jeunes hommes du
présent lieu mais encore plusieurs estrangiers qui y vin-
rent mesmement ses jours passes. . . . .

. . . .

. . . . qui est un
mauvais exemple et escandalle à tout le puple du dict lieu
dautant quelles sont et larrones, y ayant plus qu'il ne faut
pour se plaindre d'elles. Sur quoi il aurait requis l'assemblée y voulloir délibérer , ce que antendu par les as-
sistants seroit este dict et delibere que M. le baile (15)
avec l'assistance du consul meneroint icelles hors la ville
pour aller ou bon leur semblera avec commandement a
peyne destre procede contre delles par justice , de jamais
se retrouver au dict Cadiere , ainsï que la dicte commune
advizera et ainsi a este conclud et arreste estant moy not^{re}
roy^{al} greffier de la dicte commune soussigne.

E. Reffort baile.

Gamel not. roy. greffier.

(Registre des délibérations n° 6, fol. 331.)

Aussi bien nos magistrat veillaient à ce que les danses
ne devinssent pour la jeunesse, si avide de s'y livrer, une
occasion de ruine. De là l'institution d'un *abbat des jouvens* (abbé de la jeunesse) (16), élu annuellement par le
conseil de ville à la fête de Saint-Cyr, et chargé de réprimer tous les abus qui pourraient se glisser dans ces
sortes de divertissements , institution dont la jeunesse
s'honorait à juste titre et qui sauvegardait les mœurs publiques. La vigilance de nos magistrats allait jusqu'à in-

terdire ces divertissements, quand l'honnêteté y courait
quelque risque, et que, comme dit Horace (lib. III.
od. VI) :

> Motus doceri gaudet ionicos
> Matura virgo, et fingitur artubus :
> Jam nunc et incertos amores
> De tenero meditatur ungue.

Ordonnanso de elegir ung abbat des jouvens.

1549.
23 avril.
Item plus lou dit jour (23 *avril* 1549) an ordenat et
fach ordenansa de elegir Jacques Gamel abbat subre las
danssas et aussy per passyficar d'abus que sy faran et far
fayre las danssas honestos et que el poesca prendre ung
home a son plesir per portador d'enseigna (17) et fasse lou
dit ufissi en sa compagnie durant unq an a commensa dau
jort de Sant Scris et li sera bailla per ses gages quatre
florins.

(Libre d'ordenansos per la universitat del luoc
de la Cadiera. N° 2 fol. 144 *versò)*.

Ordenansa subre la danssa dau fresel.

1549.
8 février.
Item plus lou dit jour (8 *février* 1549) an ordenat que
totos los fes que lou tamborin tocara et veyra que si
dansso desonestament et lo dit menestrier non laissara de
toquar tombara a la peno de florins quatre la mitat au
segnor et l'autre mitat au denonssiant et chascun porra
denonssiar.

(Ibid. fol. 127 *versò*).

Ordenanssa per far cessar de danssar.

1549.
8 décemb.
Lan mil vᶜ et quarante et nou (*neuf*) et lou viij de
desembre congregat lou honorable conselh del présent

luoc de la Cadiera et en la meson coumune de Sant Esperit
present mossur lou baille Esteve Pinet.—Laurens Gamel.
— et Berthoumiou Chaix conssulz. — Me Martin Sicard.
— Anthony Gairoard. — Pierre Gamel.— Jehan Giraud.
—Honorat Lombard et Jacques Gairoard conseillers estent
tous de unq bon accordy et mesme voler an ordenat et fach
ordenanssa que dorenavant non sy danssara en deguna
danssa a cause de las desonestas que sy fan en las dichas
danssos a la peno de florins unq per chascun home tant
compagnhous que maridas troba danssant et lo tamboi-
naire a la peno de grosses vint (*vingt*) la mitat au segnor
et lautra au denoussiant sinon que sie nossos (*nôces*) des-
posadas (*fiançailles*) et defremados (*relevées de couches*)
et unq chascun porra denoussiar.

. . . .

Item plus lou susdit jourt an ordenat que degun non
ause jurar ny blasfemar lou nom de Dieou et a quo a la
peno de dis solz.

Fach et publicat en la plasso acostumado per Cristol
Gardon sargen de la villa en presenssia de Peire Aufant
de Signa et Anthony Senes de Pignans et lou baille a de-
mandat lo doble per la part dau segnor.

JEHAN VIAN.

(Ibid. fol. 144 versó et 145).

Cette dernière ordonnance rappelle celle de Henri III ,
du 4 décembre 1581 , qui veut qu'on punisse par des
amendes pécuniaires les blasphémateurs, ordonnance bien
moins sévère que celles des rois ses prédécesseurs , qui
prononcèrent les peines les plus rigoureuses pour extirper

le blasphème, ce crime le plus horrible aux yeux de la raison et de tous les peuples.

━━◆◈◆━━

II.

TRANQUILLITÉ PUBLIQUE.

━━◆━━

Les rivalités de clocher ont existé de tout temps, et ces rivalités ne se traduisent que trop souvent en rixes regrettables, qui troublent la paix pubique, nuisent aux rapports de bon voisinage et tendent à isoler les unes des autres les populations rurales qui n'ont pas la sagesse de les réprimer. C'est pour empêcher ces fâcheux effets, que furent rendues les ordonnances suivantes :

1.

Ordenansos fachos en lo luoc de la Cadiera per mesenhors sindigues et consel per la pas entre esto luoc et lo Castelet et gardar que non ly ayo autre encouvenient.

1533.
8 septemb. Lan milo vᶜ et xxxiij et lo jort huech (*huit*) del mes de setembre congregat lo honorable consel del luoc de la Cadiera et en la maison del sindigue mestre Honorat Dalmas et present mosur lo luoctenent (*de baile*) mestre Raimon de Cuges tos ensembles avistas et de un bon

acordy an hordenat et fach hordenanssos que denguns homes ny enfans despuis des (*dix*) ans en sus non auson anar sy escareigar ambe denguns del Castelet et aquo sus la peno de pagar tres florins la mitat al senhor et lautra mitat al denociant.

(Libre de las ordenansos per mesenhors sindigues del luoc de la Cadiera, de levescat de Marselha. Registre n° **1**. fol. 90 *versò*).

2.

Lan mil v^c xxxix et lo xvij de avoust congregat lo honorable conselh del present luoc de la Cadiera en la mayson de Sant Esperit et present moussu lo luoctenent de baille sen. Laurens Bertrand , tous ensembles advistas et de ung bon accordi an hordenat qve deguns non ause s'attrobar en degun luoc per si batre contra nostros vesins et aquo a peno de chascuna fes que seran attrobas de ung escut dor et de estre en presoun viij jours a pan et daigua.

(Ibid. fol, **189**).

1539.
17 août.

III.

POLICE MUNICIPALE.

Dans un pays agricole comme celui de la Cadière, il était d'une bonne administration de faciliter l'écoulement des produits territoriaux et d'empêcher surtout que l'importation et l'exportation ne dégénérassent en une concurrence ruineuse pour les habitants. De là de sages statuts sur les denrées et les objets de consommation.

§ I. DENRÉES.

1. VIN ET RAISINS.

Sommaire des « capitouls du vin et des raisins pour la commune de la Cadière faits du consentement du recteur de Saint-Damien et de la cour du lieu de la Cadière. »

« L'an mil trois cens soixante-trois et le onze juin constitués religieuse personne Pierre Garin, moine de Saint-Victor, recteur de la maison de Saint-Damien du lieu de la Cadière, Pierre Estienne lieutenant de baile, Rainaud Amic et Alexandre Gamel sindics, et le conseil du dit lieu assemblé sur la place de l'église à cris publics par le sergent de ville affirmant y être les deux tiers des hommes de la Cadière, pour le bien et le profit de la dite communauté avec la permission du dit recteur de Saint-Damien et du dit lieutenant de la cour du dit lieu, ont transigé comme suit :

1° Qu'aucune personne, de quelle condition quelle soit, du lieu ou étrangère, n'ose apporter ou faire apportez du vin au dit lieu de la Cadière ou son terroir pour revendre à quelque personne que ce soit sous peine de 50 sous, confiscation du vin, des vaisseaux et bêtes, pour personne et pour chaque fois.

2° Que tout habitant de la Cadière, quand il aura besoin de vin pour son usage, pourra en acheter ailleurs et l'apporter au dit lieu pour son usage seulement, sans punition, contradiction, obstacle ou empêchement.

3° Que, lorsque au dit lieu le vin se vendra plus d'un florin d'or de Florence, il sera permis d'en introduire et l'y revendre par qui bon semblera.

4° Que tout habitant de la Cadière pourra, au temps des vendanges, envoyer et porter ses raisins au dit lieu sans aucune contradiction.

5° Que personne, de quelque condition que ce soit, n'ose vendre du vin au dit lieu, avant qu'on en ait taxé le prix de vente selon le goût et la valeur du dit vin.

Lesquels statuts ayant été approuvés par le recteur de Saint-Damien et par le lieutenant de baile, ledit lieutenant, assis sur son siège selon la coutume, a ordonné au crieur public de les publier à l'instant à cris publics dans le lieu de la Cadière et les endroits accoutumés.

Ainsi l'a fait et rapporté Pierre Motin, sergent ordinaire du dit lieu de la Cadière.

Desquelles choses les dits recteur et sindics ont requis leur être accordé acte : ce qui a été fait par Jacques Mestre, notaire royal. »

In nomine Domini nostri Jesu Christi amen. Anno incarnationis ejusdem millesimo trecentesimo sexagesimo tertio die undecima mensis junii. Ex hujus scripti publici tenore cunctis tam presentibus quam futuris appareat quod existentes constituti venerabilis vir religiosus dominus Petrus Garini (18), monachus honorabilis monasterii sancti Victoris massiliensis, rector hospitii Sancti

1363.
11 juin.

2

Damiani castri de Caderia et procurator venerandi in
christo patris Raymundi (19) dicti monasterii abbatis,
Petrus Stephani dicti castri vice bajulus, Rainaudus
Amici et Alexander Gamelli syndici dicti castri, ut asse-
ruerunt, et universitas predicti castri in platea ecclesie
castri prelibati, voce preconis ibidem congregata, prout
Petrus Motini nuncius et preco publicus hujus prefati
castri mihi infrascripto notario retulit, asserens ibidem
fore duas partes hominum dicti loci congregatas, prefati
syndici et universitas bono statuto pacifico utilitate dicte
universitatis, voluerunt, fecerunt, concesserunt et ordinaverunt de voluntate, consensu et licentia dicti domini
Petri Garini et Petri Stephani vice bajuli, ordinationes
infrascriptas prout infra designantur et declarantur. —
Et primo voluerunt, ordinaverunt sive statuerunt quod
nulla persona privata seu extranea cujuscum que conditionis existat, sit ausa ab inde in antea immittere vinum
infra castrum de Caderia nec in territorio pro revendendo
nulli alie persone seu personis sub pena quinquaginta
solidorum, confiscationis vini, vasis et animalis pro qualibet persona et vice qualibet. — Item voluerunt, statuerunt et ordinaverunt prefati syndici et universitas de voluntate qua supra, quod omnis persona habitans in dicto
castro de Caderia et indigens vino pro suo usu possit et
valeat alibi vinum emere et in dicto castro de Caderia de-
portare pro suo usu duntaxat absque punitione, emenda-
tionis obstaculo et alio impedimento. — Item voluerunt,
ordinaverunt et statuerunt quod, postquam in dicto castro
de Caderia vendéretur vinum ultra unum florenum auri
de florencia (20) quilibet possit in dicto castro immittere

vinum quod ipse immittere voluerit, sine contradictione qualibet et inibi revendere ad ejus libitum et voluntatem. — (21). Item voluerunt, statuerunt et ordinaverunt prefati syndici et universitas, de voluntate qua supra, quod omnis persona habitans in dicto castro de Caderia possit et valeat sine contradictione quacumque, tempore vindemiarum, suos racemos in dicto castro de Caderia immittere et asportare. — Item voluerunt, statuerunt et ordinaverunt quod nulla persona cujuscumque conditionis existat, sit ausa vendere vinum in dicto castro nisi prius taxaretur per probos homines super hujus pretio pro quo venderetur juxta saporem et valorem dicti vini qualis esset. Que quidem statuta et ordinationes supra declaratas et prefatas per dictos syndicos et universitatem de voluntate et licentia dictorum dominorum Petri Garini et Petri Stephani vice bajuli voluerunt quod in posterum pro se et suis habeant rata et ratas, observata et observatas, grata et gratas, valida et validas, firma et firmas, et ne quidem verbo possint in futurum revocari quibus cumque ordinationibus et statutis, prefatus Petrus Stephani vice bajulus dicti castri de Caderia in loco predicto more majorum pro tribunali sedens (22) precepit et injunxit dicto Petro Molini ut preconi publico et jurato curie dicti castri de Caderia presenti, audienti et intelligenti quod per dictum castrum et loca consueta preconizet et divulget quod nulla persona privata seu extranea cujus cumque conditionis existat, sit ausa ab inde in antea immittere vinum infra dictum castrum de Caderia nec in territorio sub pena quinquaginta solidorum, adjunctionis vini, vasis et animalis pro revendendo alie persone seu

personis nisi duntaxat pro suo usu. Qui dictus nuncius iens
et intervallo post premissa regressus , retulit dicto vice
bajulo et mihi notario infrascripto quod preconizationem
supra dictam per dictum castrum et loca consueta prout
supra a dicto domino fecit ei mandatam. De quibus omnibus et singulis supra dictis dictus dominus Petrus Garini
et syndici petierunt sibi fieri publicum instrumentum et
publica instrumenta tot quot habere voluerint per me no-
tarium infrascriptum. Actum Caderie in platea ecclesie
in presentia et testimonio domini Stephani Cottiani ca-
pellani , Francisci de Menua de Oliolis , Guielmi Bartho-
lomei de Castelleto, testium ad hoc vocatorum requi-
sitorum et rogatorum , et mei Jacobi Magistri not. publici reginal. constituti in comitatibus Provincie et For-
calquerii (23) , qui requisitus per dictos dominos Petrum
Garini et syndicos hanc cartam publicam scripsi et meo
signo (24) signavi.

(Archives de la Cadière, parchemin n° 35).

2. CÉRÉALES

1.

Segon si las ordonansas fachos per los radies nominas
mesenhors sindigues et conseliers del present an mil
v^c xxviij.

1528.
8 janvier.   Lan susdich et lo jort viij del mes de genovrie congregat lo honorable consel del luoc de la Cadiero et en la
maison de messir (25) lo bayle meste Anthony Pinet et
present lo dich messir lo bayle tos ensembles avistas et de

ung acort an ahordenat et fach ordenansos entre elos que
degune persone del dich luoc de la Cadiero non ause ny
presumisse crompar neguns blas per negun forestier senso
lisenso del dichs mesenhors sindigues et conseliers et a
quo sus la peno de xxv florins aplicado la mitat al mosen-
hor (26) et lautre mitat al denoussiant.

> (Libre de las ordenansos fachos per mesenhors
> sindigues del luoc de la Cadiera, de levescat de
> Marselha. Registre n° 1. fol. 35 *versò*.)

2.

Ordonansos fachos en lo luoc de la Cadiera per mesenhors sindigues et consel del present an subre la tassatien
delz blas et sivados.

Lan mil vᶜ et xxviij et lo jort xxiiij del mes de jun congregat lo honorable consel del luoc de la Cadiera en la
maison de mosur lo sindigue meste Rainaut Chais et
davant mosur lo baile meste Jehan Vian tos ensembles
avistats et de unq acort an hordenat et fach ordenansos
entre elos sur la tassatien delz blas et sivadas , an tassat
et fach tasso a saber delz blas a raison de ff° vii la salmado (27) mesura de la Cadiera, et de la sivado a raison
de ff° iiij gros vj la salmado.

> (Ibid fol. 38 *versò*).

1528.
24 juin.

3. FOULAISON DU BLÉ.

Ordonanso sur las caucadures.

Lan mil vᶜ cinquante cinq et le quatorziesme de jun
congregat lo honorable conselh du present lieu de la Cadiere en la chambre du rellogo du dich lieu en presence

1555.
14 juin.

de M. Jacques Chais juge et baille ordinaire du dich lieu, Nicholas Blain, Barthelemy Rouden sindicz, Honorat Gamel, Laurens Chaudoin, Rostan Preboist conselhers, Esteve Gamel, Jehan Vian et Jehan Chaudoin adjoinctz lesquels tous de unq accord ont ordonne.

Siec les capitouls qui sen suyvent :

Et premierament an ordenat que quu voldra prendre a cauquar a hyere clause la presente anado cauquara au vingtain.

Item plus que tal eguysier a quu demoraran las dichos hyeros non levara lou blad que gasagnara de las dichos caucaduros au present luoc de la Cadiera per lou vendre en aultre part, mes lou vendra as particuliers dau dich luoc et non en aultras (a).

Item plus a quu demorarant las dichos hyeros porra prendre dau dich blad per sa provision solament ny non plus a la peno de florins dix.

Item plus a quu demorarant las dichos hyeros non porra fayre pasturar son aver dau camin dau Peynol tirant au pas dAuthumy vers Tremond si non cant ly caucarat a quo en ban de grosses sieix autant damendo, la nuech doble si major non es lo dam.

Item plus a quu demorarant las dichos hyeros aura

(a) Item que tal eguesier non levara lo blat de las dichos caucaduros dau present luoc per lo vendre a aultre part senso lisenso de la vilo, et la dicho coumuno non porra cogir lo dich eguesier vendre lo dich blad daquy a caresme intrant et vendre particulariment......

(Ordonn, du 31 mai 1556, regist. n° 3 fol. 46 *versò*).

touta lautra terra per pasturar son aver et de plus la terra
de Sant Damian et se fan mal ly sera denontiat deguns
bans, mes estara a dam donat.

Item a quu demorarant las dichos yeros sera tengut
tenir au dich luoc per caucar tres rodes (28) de gros
buous et suffisentes per caucar, aquellos amenar au
dich luoc quant sera requisegas (*requis*) per mesenhors
consulz et conselh (29).

Item a quu demorarant las dichos yeros sera tengut
de tenir lou blad que gasagnaran las dichos egos (*chevaux*)
au magasin dintre la villo a la peno de florins dix jusqua
ce que laura vendut.

Item plus a quu demorarant las dichos yeros non
ausara levar las dichos egos dau present luoc de la Cadiero senso la lyssenso des consulz et conselh jusques a
ce que sera acabat ou aultrament aura lyssenso des consulz et conselhers a la peno de vingt cinq florins.

Item que ung chascun particulier porra cauquar ambe
(*avec*) son bestiary et prendre que voldran lun laultre et
porra loguar bestiary dau dich luoc tant soullament et
non daultre part.

Item a quu demorarant las dichos yeros baillara bo-
nos et suffisentes formanssos (*cautions*) au grat de la
villo et la villo mettra lous a la garbos (*gardo*) a son
plasir,

Item a quu demorarant las dichos yeros sera tengut de
pagar la rendo que donara a la villo dau blad que gasagnaran au dich luoc quant ly sera demanda per mesenhors
les consulz.

Item plus a quu demorarant las dichos yeros non sera

tengut de vendre lou blad que gasagnara sinon que sie
son plasir jusqu a calene et Pasques.

Item a quu demorarant la dichos hyeros non ausara
abeurar las dichos egos a la font de Sant Jehan a la peno
de florins dix . . . .

(Libre de ordonansos de la universitat de la
Cadiera. Registre n° 3. fol. 18).

§ II. OBJETS DE CONSOMMATION.

1. VIANDE.

Ordenansa facha en lo présent luoc de la Cadiera per
mesenhors sindigues et conselhers et aquo sus la eletien
de aver un bochier.

1539.   Lan mil v^c xxxix et lo x de mars congregat lo honora-
10 mars. ble conselh del present luoc de la Cadiera et en la mayson de moussu lo luoctenent de baille mestre Honorat
Mariny ambe lous sindigues sen. Anthony Gamel et Honorat Daumas et tous de un bon accordy an ordenat de
aver un bochier loqual es Guilhem Martin fils de Lainet
Martin de Seiresto, loqual es tengut de vendre la carn
come sen siegue daissi a caramantran (44) que ven.

Et primo la lieura dau mouton pat. v. d. j. et lo menon pat. iiij.

Item las frichas x patas entieras.

Item las testas dels moutons et del menons pat. vj.

Item las tripas dels moutons et dels menons pat. quattre.

Item la testa de la feda pat. quattre et de la cabro
pat. iij.

Item las testas et tripas dels cabritz et dels siguentz (*agneaux*) a son plazir.

Item vol lo dich conselh que degun autre non ause tuar et masellar (30) cart fresca sinon que lo dich bochier et aquo a pena de florins x.

(Regist. n° 1 fol. 184 *versò*),

Ordonnance sur la table et paches de la boucherie du présent lieu de la Cadière.

Lan a la nativite nost. seg. mil cinq cens cinquante six et le xx111^e fevrier assemble le honorable conseilh du pre- sent lieu de la Cadiere par commandement de mousur le baille sen. Sauvaire Bernard et en la chambre commune de aurologe du dict lieu ou sont estes presentz Augias Bernard Laurens Chaudoin sindicz , Jehan Estienne , Jehan Chaudoin , Anthoyne Gayroard, Barthelemy Chais, Pons Allegre et Laurens Gamel fils de Jehan Anthoyne conseilliers de ce present lieu tous de un bon accord ont accorde par lettres de arrentement la table de la boucherie de la presente annee a Anthoyne Marin du dict lieu comme plus offrant au dict conseil en la maniere et paches que sen suyvent.

1556.
23 février.

Et premierament talhera le dict bochier la lieure de quinze onsses (31) assaber (*à savoir*) le mouton agneau et cabris a six patas (32) la lieure et le menon et buous a pactas cinq tout lan et quant aux cabris daqui a Saint Jehan Baptiste.

Item las testos de moutons et menons ambe lous qua-

tre pes a six patas et aquellos des agneaux et cabris ambe
lous quatre pes a deux liards.

Item las frichos (*fressures*) tant de menon que mouton
toutes entieres a dix patas et las frichos de cabris et agneaux
aussi toutes entieres a cinq patas, et advenent lo cas que
non las baillessos entieros tal que las crompara las porra
emportar senso pagar (A).

Item las tripos tant de menon que mouton ambe lous
bedeux (*boyaux*) a deux liardz et aquellos des agneaux
et cabris a unq liard.

Item lo dich bochier talhera et vendra la cart dau
porc truches (*truies*) au pres dau mouton sinon que sie
salado et ayo estat salado xxiiij hores.

Item que levara deguno graysse de regnonados senso
licensi de aquellos que cromparan la cart sinon lo pero et
lo rognon sus la peno de unq florin aplicado a la villo la
mitat et laultre mitat entre lo segnor et lo denoutiant.

Item vendra la licuro de la graysso gros unq et sera
tengut de nen baillar a chascun particulier se que li de-
mandara, rellevant per engrayssar tines (*tonneaux*), en
aquel cas la vendra tant que porra.

Item tendra de candellos de seu (*suif*) a suffisance per
lous particulliers del present luoc tout lan et las vendra

_____

(A) Tau que sera bochier baillara las frichas entieres a six
pinatelles, las testos et quatre pes a cinq pinatelles, las tripos
souletes quatre pinatelles, et quant ly mettra lous pez (*pieds*)
cinq pinatelles, lou leou (*moû*) soulet deux pinatelles demy,
lou fege (*foie*) tres pinatelles demy. . . . prenant la pinatelle
en bonne monoye pour un carollin suivant l'ordonnance.

         (Regist. des délibérations n° 6 fol. 143).

au dich particullier dix patas la lieuro a la peno de grosse (33) sieys la mitat a la villo et laultre mitat come dessus.

Item lous florins vingt que pagara de rento lous pagara quinze jours avant callenos (34).

Item plus es de pach que lo dich bochier sero tengut baillar a la coumuno del dich luoc quant si rendra lo comte entre consels vieilh et nouvel unq bon mouton pesant quaranta lieures, uno lieuro de graysso, uno lieuro de candellos et uno bono levados sive frichos (A).

Item baillara lo dich bochier en la liberanso das mollins das blas la mitat dunq mouton, uno lieuro de graysso et uno fricho.

Item es de pach que si fosse necessary tuar qualques

(A) Item sera teneu donner aulz s^r consulz et conseil aulz festes de Noel vingt cinq livres chandelles, vingt cinq livres a la chapelle des freres des penitents blancs, vingt cinq livres a a la chapelle des penitents noirs...... a peyne de quinze livres aplicables un tiers au seigneur et le reste a la communaulte.

Sera teneu donner aulz dictz consulz et conseil sans rien pretendre trois moutons de quarante livres la piesse ou cent vingt livres chair de mouton en detail, et lorsque les dictz consulz le demanderont trois friches, trois testes, trois tripes, douze pieds de mouton et six livres graisse durant lannee soubz les mesmes peines que dessus (35).

Et par dessus payera trente six escus pour la reve des chaperons et manteaux des consulz, et ce aulz festes de la Toussaint en argent comptant.

(Ordonn. du 16 avril 1651).

moutons . . . . . per lous malladres sera tengut nen tuar a la peno de unq florin aplicado come dessus.

Item lo dich bochier tendra six trenteniers de moutons dintre terro clauso et quant vendra au montar dix trenteniers assaber dau mes de may jusquau mes de septembre et puis retornara a son premier entier et a quo a la peno de unq florin la mitat a la villo et laultre mitat entre lo segnor et lou denouciant per chascuno fes que sera denoutiat.

Item tendra tres treteniers des menons et des cabres et las dichos cabros anaran ambe los dichs menons , et de fedos lasquallas fedos anaran ambe lous moutons, et lous dich menons et cabros pasturaran per lou devens tirant la costo de Sant Serys jusquau pas d'Anthumy (36) retournant jusquau pontet subre camin jusque subre la † dau Peinou tirant a la costo Gallino (37) jusquau mollin daven (*à vent*) ho foro limites sive termes , et quant passaran las diches limites tombaran a la peno de unq florin aplicado assaber la mitat a la villo et laultre mitat entre lo segnor et lo denouciant per chascune fes que sera denouciat (A).

Item laver lanat pasturara dau portal de la collo seguent lo camin vielh jusqua la font de Sant Jehan seguent lo camin jusquau mal escalhon (39) seguent la traso (*sentier*) jusquau Puybarnon vers soleilh tremond (*soleil couchant*) ensemble touto la terro de Sant Damian , et des-

(A) N'osera tenir dans les bolles (38) ou termines aucuns menons, chevres ny brebis . . . . . . sera teneu tenir les menons hors les bolles.   (Ordonnance du 16 avril 1651.)

puis Nostra Dama de Pietat jusqua la ✝ dau Peinou subre camyn tirant lo camyn vielh jusquau Pontet et del Pontet jusquau pas d'Anthumy toujours subre camyn , et quant passara las dichos limites senso lisensi de la villo pagara la peno de unq florin aplicado comme dessus per chascune fes (a).

Item que lo dich bochier non vendra uno cart per aultre assaber de menon per mouton a la peno de unq escut (40) aplicado come dessus.

Item es de pach que lo dich bochier baillara son pes a chascun a la peno de grosses sieys aplicat come dessus et la cart confiscado au pesador et lo dich pesador en fara baillar daultre en aquel que laura crompado y ayant lou pes.

Item que lo dich bochier non tuara davant jort ny tuara a la sosto sinon que fesso malvays temps et pluiho mais tuara en luoc public a la peno de unq florin aplicat come dessus.

Item plus que lo dich bochier non levara ny vendra a persone de laver que aura demorat en aquel terrador ny

---

(a) Pourra le dict boucher faire depaistre les moutons dans le terroir du dict Cadiere et quant il voudra les conduyre au cartier des costes sera teneu suyvre sortant du jas le chemin juqua S' Eloi et a la fontaine S' Jehan et despuis S' Jehan suyvre le chemin jusqua Pibarnon, et quand il prendra le chemin de Nostre Dame de Piete de la suyvre le grand chemin jusquau Pontet et du dict Pontet au pas dAnthumy suyvant le chemin a peine de trois livres aplicable comme dessus.

(Ordonn. du 16 avril 1651).

transmontara aultre part a la peno de florins vingt cinq aplicado come dessus.

Item advenent un temps de pesto, que Dieu vulhe gardar, lo dich bochier sera tengut tuar dintre terrador de la Cadiero en luoc san, la vonte (*là où*) sera convengut per lo conseilh del dich luoc a la peno de vingt cinq escus aplicado come dessus.

Item lo dich bochier sera tengut advenent temps de guerro levar son aver de aquesto terrador et non tuar ni talhar apres que sera estat advertis per lo dich conseilh et sy aultre inconvenient ly advent non li sera tengut la coumuno en ren (A).

Item que advenent qualque descucho (*mortalité*) de buous ou buous vielhs que si sera gausis au travailh au present terrador de la Cadiera, los particulliers del dich luoc los porran tuar et vendre senso nen baillar deguno causo au dich bochier pourveu que sera tengut de lo fayre saber au dich bochier, et deguno aultre cart fresquo degun non porra vendre que premierament non ayo estat des (*dix*) jors salado a la peno de florin unq aplicado come dessus.

Item plus es estat de pach que lo dich bochier sera ten-

(A) Sera teneu en cas de peste au dict Cadiere ou de guerre en ce pays, que Dieu garde, continuer a fournir et débiter de chair a tous particuliers, manans et habitans, et ce tenir au territoire ou dans le lieu ainsi que sera advize par les sieurs consulz a peine de cinq cens livres aplicables come dessus et de tous les despens domaiges interetz de la communaulte.

(Ordonn. du 16 avril 1651.)

gut servir de cart et menudalhos en aquellos que faran
festins tant cantars (41) esposados (*nôces*) jacades (42) et
aultres festins de se que li demandaran senso contradic-
tien a la peno de unq escut aplicado come dessus (A).

Item plus es de pach que lo dich bochier tendra sa ba-
lansso das pes en lo taulhier davant la carriero affin que
chascun en passant regarde son pes a la peno de grosses
sieys aplicado come dessus, relevant (*excepté*) de nuech
apres aver fach la vento ho per occasion de mal temps (B).

Item advenent lo cas que qualque particullier del dich
luoc prenguese deguno tombado ho cop lo dich bochier
sera tengut escutegar (*écorcher*) unq mouton per bailhar
la peo en ly demeurant a tous interest si poude nen estre.

Item plus es de pach que lo dich bochier non porra
remetre la dicha bocharia ni table de aquello a degun
aultre senso lo bon voulloir de la dite coumuno a la peno
de vingt cinq escus aplicado come dessus.

Item es de pach que lo dich bochier aura toujours de
cart a la bocharia toute la semano assaber au temps des-
tiou au jour a miech jour, et dyver au jour a vespres (*soir*)
et lo jort de caresme intrant (44) aussi a vespres a la peno
de unq escut aplicado come dessus.

(A) Item sera tengut bailhar et servir de cart a tous festins,
bancquets et nopces que si faran au present luoc, ensemble ,
jacquades, confrayries (43) et cantars.
                    (Ordonn. du 16 avril **1631**).
(B) Sera tengut de tuar los moutons et menons que seran
debitas au dict tablier a la carriero a la visto de cadun soubz
mesmes peynes (*un écu d'amende et la confiscation de la
viande*).   (Ordonn. du 6 mars **1620**).

Item plus est estat de pach que lo dich bochier tuara et talhara en persono senso fayre talhar deguns varlets ny aultre sinon advenent que lo dich bochier fosso en fiero ho foro desta villa per sa bezogno non passant huech jours ho fosso malladre, que Dio garde, a la peno de florins deux per chascune fes aplicado come dessus.

Item plus es de pach que lo dich bochier non fara manjar son aver degunos olivos en lo dict terrador et a quo en ban de grosses sieys autant damendo et oultre lo dict ban (45) pagara lestimo des dichos olivos se si fa estimar per lous estimadors juras dau dich luoc au proffict daquellos deque seran las dichos olivos.

Item es de pach que si laver dau dich bochier manjavo degunos devendudos (46) pras et pasquiers (47) non estara a deguns bans, mays pagara doble estimo assaber se es estimat per lous estimadors un quintal en pagara dos a tal particullier de que seran los dichs erbages et tous despens.

Item plus es de pach que lo dich bochier non fara manjar ny paisse lo dich aver en degunos avellanedos (48) ni vignes en tout temps en ban de grosses sieys autant dasmendo, la nuech doble, et oultre lo dich ban pagara lestimo se que sera estimat au proffict de aquellos de que seran las dichos vignos et avellanedos.

Item est de pach que si lo dict bochier mete son aver fayre manjar deguns blas civados et aultres causes estara a lestimo de se que sera estimado et non en deguns bans

GAMEL, not.

(Libre dordonansos de la universitat del luoc
de la Cadiera. Regist. n° 3, fol. 35).

2. POISSON.

Conclusion sus lous peissonniers.

Lan et jour susdict (25 *août* 1568) assemble le dict
conseil present le dict seu. baille ont conclud et arreste
sur la vente du poysson comme sen suyt :

1568,
25 août.

Et premierament ont conclud et arreste que tous pois-
soniers tant estranies que privas que portaran peysson
au present lieu pour vendre non ausaran vendre deguns
peisson en degunes partz de la villo tant dintre que ni
aussi que de fores que non siec a la plasso de la maison
de Anthony Audibert luoc dedicat a fayre las dichos ven-
dos de peisson sinon que siec foro villo et foro borgado
siec despuys la maison et estable de Jehan Chaudoin tirant vers Sant Jehan et la maison de la Collo et hyeres
(*aires*) de Pierre Peyron et a quo sus la peno et confiscation dau peisson de tal peissonier que la duera et de
unq florin de aquellos que lou cromparan aplicado lou
tiers au segnor laultre tiers au denoutiant et laultre tiers
en reparation de lhospital du present lieu.

Item ont conclud et arreste que deguns particuliers
dau present lieu non ausaran crompar deguns peissons
de deguns peissoniers per aquellos revendre que non aye
lo metre en plasso soit d ivert despuys Thossaint jusques
a la fin de may six hores et despuys lo dich mes de may
jusques a Thossaint quatre hores et a quo a la peno de
cinq florins aplicado lou tiers au segnor laultre tiers au
donouciant et laultre tiers a lhospital du present lieu.

Item que deguns peissoniers non ausaran vendre deguns

3

peissons que non sien bons et fraise a peno de tres florins aplicado come dessus et bailhara a chascun son pes.

Item que chascun porra denouciar.

Publie a la plasso publique a aulte et intelligible voix
per Jehan Perrot sergent et crieur du dict lieu en presence de mossur le baille consulz et conseilliers et persones accoustumees en presence de Jehan Aycard de Sey-
reste et Pol Montagnet de Varages tesmoingz. xxv avoust
mil v^c lviii.

(Regist. n° 3. fol. 351).

—————

Conclusion pour prevoyr aus abus que ce cometent per
les peissoniers du present lieu.

1598.
24 avril.

Lan susdit (1598) et le vingt quatriesme du mois dapril
assemble le venerable consoulz et conselh du present lieu
de la Cadiere dans la maison commune du horolloge present le dict consoul auroit prepose que les peissoniers
du present lieu cometoint beucop (*beaucoup*) dabus en
fesant manipolles (*tromperies, manigances*) et se sem-
blent ensemblement (*se coalisent*) par ce moien font passer tous les manans et habitans par ces mains qu'est
loucasion que le poison (*sic*) est tousiours a grand prix pour
ceste dite cause. a ceste cause et pour prevoyr aus dicts
abus le dit conselh tous ensemblement sans divisions au-
roint conclud de metre une peine contre ceulz qui fe-
ront talz manipolles et sassembleront pour le dit faict,
laquelle peine est de quinze soulz et confiscation du
peisson contre tous que se trouveront estre assembles
laquelle peine s'appliquera savoyr unq tiers au seignour

unq tiers au denontiant et pour le regard de la confiscation dau dit peison sera baille aux povres de lhospital
et aussi que talz peisoniers non ausaran crompar deguns
peissouns de deguns forestiers en gros que le dit peissoun
naie estat six hores en place et non plus tost a la peine
de trente soulz aplicable come dessus et seran tengut
de baillar lou pes a la peno de la confiscation dau dit
peisoun.

FRANÇOYS MARTINOT baille.

(Registre des délibérations n° 6. fol. 11).

A ces ordonnances sur la police municipale que la communauté de la Cadière renouvelait tous les ans , plus ou
moins modifiées , succéda le règlement (49) du 5 juin
1735, acte qui porte le caractère d'une administration
sage et vigilante , car il embrasse tout ce qui concerne la
police municipale. Volontiers nous l'aurions reproduit ,
s'il n'eût été en dehors du plan que nous nous sommes
tracé. Il demeura en vigueur jusqu'à la révolution de
1789, qui enleva aux communes le droit de s'administrer elles-mêmes, et les soumit , comme on sait , au régime d'une même législation.

IIII.

POLICE RURALE.

———◦◦———

Puissants par leurs troupeaux et riches en produits
agricoles, les habitants de la Cadière, dont le vaste territoire, aujourd'hui morcelé en trois communes, se par-
tageait autrefois en immenses forêts et en vallées fertiles,
durent veiller soigneusement aux intérêts de l'agriculture
et aux besoins de la dépaissance. De là surgirent ces règlements ou statuts, et ces usages locaux qui nous frap-
pent d'étonnement, tant ils sont prévoyants dans leur
simplicité, et surtout conformes au bon régime pastoral
et agricole qu'ils protégeaient.

Pour assurer l'observation de ces règlements, outre
les deux estimateurs jurés, élus à chaque création d'un
nouvel état, c'est-à-dire à Noël, et chargés de constater
et d'estimer les dégâts causés dans les champs par les
individus ou les bestiaux, la communauté nommait annuellement des gardes, appelés *campiers*, commis à la
conservation du terroir et établis pour prendre garde aux
contraventions. On les appelait communément *banniers*,
c'est-à-dire dénonciateurs des bans, parce qu'ils devaient dénoncer les infractions aux bans ou défenses mu-

nicipales, lesquelles étaient ordinairement faites par *criées*
annuelles. Ces gardes, au nombre de deux ou trois
étaient assermentés; ils étaient à la nomination du conseil, comme le prouvent les deux ordonnances suivante :

Ordonnanso...... sus lo fach de la conservatien des
uffruis et gardis del terrador del luoc de la Cadiera.

Lan mil v^c xxx et lo jort huict del mes de may congre-   1530.
gat mess. sindigues et consel en la meyson de Sant Es-   8 mai.
perit present mossur lo bayle Jehan Vian tous de un bon
accord an hordonat et fach ordenanso sus lo fach de la
conservatien dels uffruis et gardis del terrador quant tro-
baran neguns gardis daver menut et gros malfasent en
possession dautrui et negunes persones stranies (50) et
privas es de son deve et que tals elegis et deputats per los
dichs sindigues et consel del dich luoc de la Cadiera ayson
(*aient*) a jurar et prendre sacrament a fayre et adimplir
la dicho ordonanso sus peno de rompre son jurament.

(Registre n° 1. fol. 51.)

Conclusion deslire les campiers sive banniers per la
conservatien de la terra.

Lan mil cinq cens nonante quatre et le vingtiesme jour   1594.
du moys de havoust assembles les consulz et conselhiers   20 août.
du present lieu de la Cadiere dans la maison du reloge
avec ladcistance de M. Jehan Reffort baille du dict lieu ou
sont estes presentz M. Jehan David. Barthel. Garin consulz
Bertrand Gayroard Esteve Esteve Arnaud Verdalays Anthoine Pinet Pierre Gamel et Jacques Marini conseilhiers
du present lieu administrantz les affaires communes du
dict Cadiero.

A propoze le dict M. David.... que seroyt besoing pour
la conservation de la terre de eslire deux ou trois campiers sive bagniers (*banniers*) attendu que se faict unq
grand domage sur les fruictz en jardins et ce faict un
grand degailh diceulz et seroyt besoing y provoyr et re-
medier requerant y estre delibere.

Ce considere les conseilhiers ayant le tout entendu a
este conclud et arreste que Anthoyne Reynier et Jehan
Esteve dict Rodegat du present lieu seroynt campiers
ausquelz sera donne pour ces sallaires et gaiges huict florins per chascun d'iceulz par moys de pinatelles.

(Registre n° 6. fol. 155ₕ).

Ainsi que la plupart des communautés de la Provence,
celle de la Cadière était en possession d'établir des *bans*
ou peines municipales par les assemblées de son conseil
pour la conservation de son terroir , soit pour les fruits
soit pour les pâturages. Ces peines étaient dénoncées et
exécutées en la même façon que celles ordonnées par les
statuts de la province , et généralement un tiers du ban
ou de la peine appartenait au seigneur , un tiers au dé-
nonçant et un tiers à la partie lésée , mais ce tiers ne
tenait pas à celle-ci lieu de dommage, qui différait du
ban ou de la peine , et que liquidaient les estimateurs
ordinaires de la communauté.

Ces estimateurs municipaux , il ne faut pas les con-
fondre avec les estimateurs jurés de la cour des seigneurs
de la Cadière. Ceux-ci connaissaient des causes où l'autorité du Baile intervenait. Ils étaient au nombre de trois,

et leur institution remonte au temps les plus anciens. Nous avons un exemple de la manière dont ils procédaient ; c'est l'affaire de font d'Abeille (*fons de Abelha , sivè de la villa*). où il s'agissait d'un empiètement sur le le terrain communal. La charte, qui contient le rapport de ces experts et le jugement que le juge rendit sur les lieux , nous a paru assez curieuse pour lui assigner une place dans les notes de cet opuscule (50 *bis*).

Quant aux contestations qui s'élevaient entre les particuliers, elles étaient du ressort des prud'hommes (*prudentes homines*), que le peuple avait le droit de se choisir. Ces juges, dont l'établissement à la Cadière date du 14 juin 1511 , tenaient leur audience tous les mercredis de l'année. Sur l'assignation qui était donnée verbalement au débiteur par le valet de ville , ils jugeaient *de plano* parties entendues et sur le serment du demandeur, et ne pouvaient prononcer au dessus de trois livres. Ils étaient au nombre de trois ; chacun d'eux recevait six livres pour ses honoraires, et leur élection avait lieu annuellement à Noël. Avant qu'ils siégeassent dans l'hôtel-de-ville , ces juges tenaient leur séance sur la place publique à l'ombre de quelque arbre ; c'est pourquoi ils étaient nommés ailleurs *juges sous l'orme*. Cet usage n'a rien d'étonnant quand on se rappelle qu'il a été commun aux peuples du moyen-âge comme à ceux de la plus haute antiquité. N'est-ce pas sous les arbres de Vincennes que Saint-Louis rendait la justice , et à la porte de la ville sainte que siégeaint les juges en Israël ?

Voici quelques-unes des ordonnances sur la police rurale en vigueur à la Cadière dans le xvie siècle ; elles nous donnent une juste idée de l'état de l'agriculture à cette époque, et nous montrent avec quelle sollicitude les magistrats de cette petite ville veillaient aux intérêts publics et privés.

Ordonansos fachos en lo luoc de la Cadiera per mesenhors sindigues et conseliers del present an sus la conservation des uffruis.

'1528.
2 février.

Lan mil v^c xxviij de la nativitat et lo segont jor del mes de febrier congregat lo venerable consel del luoc de la Cadiera et a quo en la maison de meste Anthony Pinet baile del dich luoc et present moser lo baile tos ensemble dun acort an hordenat et fach hordenansos entre elos sus la conservaticn des ufrus en la maniera que sen siec :

Et primo an ahordenat contro totos personos estranies ny privas de qual conditien que sien que non auson ny presvmisson ambe deguns gardis daver far manjar neguns blas ny sivados ny degunes devendudos dintre termes (54) ny foro termes et a quo en ban de sous x autant damendo et la nuech doble sy major non es lo dam.

Item an ahordenat que degunos personos qual que sien que non auson ny presumisson ambe negun bestiari de pe redon (A) far manjar ny pasturar en deguns blas, sivados, devendudos ny pras ny en degunos ribos et semenas (*champs ensemencés*) et a quo en ban de sous v per bestio et autant damendo et la nuech doble sy major non es lo dam.

(A) Ambe negun bestiari de pe redon ni autre bestiari de pe forcat.   (Ordonn. du 20 février 1530).

Item an ahordenat contro totos personos qual que sien que non auson ny presumisson ambe bestiari boyn (*de race bovine*) (A) far manjar ny pasturar en deguns blas, pras ny devendudos ny degunos ribos de blas (B) dintre termes ni foro termes et a quo en ban de sous v per buou , autant damendo et la nuech doble sy major non es lo dam.

Item mais an ahordenat contro totos personos qual que sien que non auson ny presumisson ambe negun bestiari de pe redon ny bestiari boyn pasturar dintre degunos ieros que sy qualque blas , saffranieros (52) ny deguns pasquiers semenadisses et a quo en ban de sous v per bestio et la nuech doble sy major non es lo dam.

Item mais an ahordenat contro totos personos qual que sien que non auson ny presumisson anar segar degunos ribos de blas ny devendudos ny pras ny ossi degunes vignhos senso licensi daquelos de que seran et a quo en ban de sous v autant damendo et la nuech doble sy major non es lo dam.

Item mais an ahordenat contro totos personos qual que sien que non auson ny presumisson prendre degunes ortolalhos en deguns jardins senso licensi daquellos de que seran et a quo en ban de sous v autant damendo et la nuech doble sy major non es lo dam.

Item mais an ahordenat contro totos personos qual que

(A) Deguns bestiarys tau que vaccayres.

(Ordonn. du 26 avril 1554).

(B) Ribos de semenas, ni ribos de pras ni de valas curadisses.

(Ordonn. du 20 février 1530).

sien que non auson ny presumisson rebrondar (*émonder*) ny escabassar neguns roves, euzes ny olivastres per far manjar deguns bestiaris qual que sien ny aultrament et a quo en ban de sous v et la nuech doble sy major non es lo dam.

Item mais an ahordenat contro totos personos qual que sien que non auson ny presumisson ambe deguns bestiaris qual que sien far manjar deguns aubres fruchiers et a quo en ban de gros iij per bestio et autant damendo et la nuech doble sy major non es lo dam.

Item volons los dichs mesenhors sindigues et conselhiers que las dichos ordenansos valhon et tengun tant que sera de son bon plasir.

> (Libre de las ordonansos ..... del luoc de la Cadiera, de levescat de Marselha. Regist. n° **1**. fol. **31**).

2.

Hordonansos fachos en lo luoc de la Cadiera per mesenhors sindigues et consel sus lan mil v^c et xxviij et xi del mes de jun.

1528. 11 juin.

Lan et lo jort susdich congregat lo honorable consel del luoc de la Cadiera en la maison de mosur lo sindigue meste Rainaut Chais et davant lo honorable home meste Jehan Vian baile del dich luoc tos ensembles avistats et de un acort an hordenat et fach hordenanso entre elos sus la conservatien des ufrus en la maniera que sen siec :

Et primo an hordenat contro totos personos estranies ny privados de que conditien que sien que non auson ny presumisson ambe deguns gardis daver menut (*menu bé-*

tail) far manjar deguns restobles (*chaume*·) senso licensi daquellos de cu serien et a quo en ban de sous x autant damendo et la nuech doble si major non es lo dam et se son trobas en las garbieros tombaran en lo ban de sous v autant damendo et la nuech doble si major non es lo dam.

Item mais an hordenat contro totos personos qual que sien que non auson ny presumisson anar glenar en deguns restobles senso lisensi daquellos de cu serien et tant que las garbos seran en los dis restobles et a quo en ban de sous v autant damendo et la nuech doble si major non es lo dam , et que tals personages glenant non si auson acostar de las garbieros de x pasos (*pas*) et a quo en ban de sous v autant damendo et la nuech doble si major non es lo dam.

Item mais an hordenat contro totos personos que non auson ni presumisson prendre denguns aigrases (*verjus*) ni raisins en degunos vignhos senso lisensi daquellos de cu serien et a quo en ban de sous v autant damendo et la nuech doble si major non es lo dam, et per cascun aigras et raisin P 1 (*un patac*) et los dichs raisins et aigrases resto en aquel de que sera la vignho, asetat (*excepté*) denfans de set ans en bas que tals enfans estaran a dam donat.

Item mais an hordenat que dengunos personos non auson ni presumisson prendre dengunos noses amendos ny avellanos ni figos senso lisensi daquel de que serien et a quo en ban de sous v autant damendo et la nuech doble si major non es lo dam , et de sieis noses sieis amendos sieis avellanos et sieis figos un patat, la mitat a monsegnhor et lautre mitat al denontiant et aquellos tals en-

fans reston et degon estre daquelos de que seran tals
aubres.

Item mais au hordenat contro totos personos qual que
sien que non auson ni presumisson prendre dengunos
peros ni dengunos prunos en nenguns periers ni nengunos prunieros ni aussi nenguns pesegues en denguns pe-
seguiers senso lisensi daquellos de que serien et a quo en
ban de sous v autant damendo et la nuech doble si major
non es lo dam, et de doze (*douze*) peros , prunos , pesegues un P (*patac*).

Item mais an hordenat contro totos personos qual que
sien que non auson ni presumisson ambe nengun bestiari
qual que sien far pasturar en denguns pras (A) de rivieros
et a quo en ban de sous v per bestio autant damendo
et la nuech doble si major non es lo dam.

Item mais an hordenat contro totos personos que non
auson ni presumisson ambe denguns bestiaris que siec far
pasturar en dengunos vignhos et a quo en ban de sous v
per bestio autant d'amendo et la nuech doble si major non
es lo dam.

Item mais volon los dis mesenhors sindigues et conseliers que las dichos ordonansos valhon et tengun tant
quant sera de leur bon plaisir.

(Ibid fol. 35 *versò.*)

3.

Hordonansos fachos en lo luoc de la Cadiera per me-

(A) Pras aigadisses (*arrosables*). — Ordon. du 14 juin 1530.

senhors sindigues et consel del present an subre la conservatien dels ufruis.

Lan mil v^c xxviij et lo jort vj del mes de setembre congregat lo honorable consel del luoc de la Cadiera et en la
maison de mosur lo sindigue meste Rainaut Chais et davant mosur lo baile meste Jehan Vian tos ensembles
avistas et de un acordi an hordenat et fach ordonansos
entre elos sus la conservatien dels ufruis en lo terrador
de la Cadiera en la maniera que sen siec :

. . . .

Item mais an hordenat contro totos personos qual que
sien que non auson ny pressumisson ambe denguns gardis
daver boin far trapiar dengunos terrados (*jonchées*) dolivos dintre termes ni foro termes et a quo en ban de sous
x per parel (*couple*) autant damendo et la nuech doble si
major non es lo dam,

Item mais an hordenat contro totos personos qual que
sien que non auson ni presumisson ambe nenguns buous
far manjar denguns aglans dintre termes ni foro termes
et a quo en ban de sz x per parel autant damendo et la
nuech doble si major non es lo dam.

Item mais an hordenat contro totos personos qual que
sien que non auson ni presumisson escabassar ni rebrondar denguns roves euses olivastres perussiers ni denguns
aubres fruchiers qual que sien per ramejar denguns bestiari qual que sien et a quo en ban de sz x autant damendo
et la nuech doble si major non es lo dam.

Item mais an hordenat contro totos personos qual que
sien que non auson ni presumisson pasar (*passer*) per
dengunos drayos (*sentier*) mal fasent despuis lo jort de

1528.
6 septemb.

Sant Miquel prochainament venent en la, et a quo en ban de sous v autant damendo et la nuech doble si major non es lo dam.

Item mais an hordenat contro totos personos qual que sien que non auson ni presumisson anar culir ni acanar dengunos tosquos deuses (*yeuses*) que sien en coltur (*en culture*) et a quo en ban de sz v autant damendo et la nuech doble si major non es lo dam , et tals aglans culidos seran daquellos de que seran las tosquos.

Item mais volon que las dichos hordonansos valon et tengon per mesenhors sindigues et consel tant quant sera de lur bon plasir.

(Ibid. fol. 42.)

4.

Hordonansos....... sus la conservatien des ufruis.

.......Item mais an hordenat contro totos personos stranies ni privas de que stat et conditien que sien que non auson ni presumisson desclaure ni far desclaure nengunos baragnhos talios (*haies taillées*) sive clausuros de vinhos ni de ort (*jardin*) ni aussi derrabar ni far derrabar nengunos gardies de cabusses (*échalas de provins*) senso lisensi de aquels de que seran et a quo en ban de sz x per cascuno persono et autant damendo et la nuech doble si major non es lo dam.

1530.
22 février.

Item mais an hordonat contro totos personos stranies ni privas de que grand stat et conditien que sien que non auson ni presumisson far ni far fayre neguno leguo (*clairière*) ni rompudo (*essars, novales*) que fosso stado facho novellament ni tal linho (53) prendre ni levar de la

dicho rompudo ni far ni far fayre neguns cartiers de oliviers roves noguiers ni de autres aubres fruchiers ni
aquellos ceppar ni stellar ni metre en leguo (*en las*) (54)
ni tal leguo transportar senso lisensi de aquel de que serien et a quo en ban de sz v et autant damendo et la nuech
doble si major non es lo dam.

Item mais an hordonat contro totos personos de que
grand stat et conditien que sien stranies ni privas que non
auson ni presumisson far manjar ambe buous ni mulos ni
autre bestiari de pe redon neguns saffraniers senso lisens[i]
de aquellos de que serien et a quo en ban de sz v per
bestio et autant damendo et la nuech doble si major non
es lo dam.

Item mais an hordonat contro totos personos stranies
ni privas de que grand stat et conditien que sien que non
auson ni presumisson manjar ni far manjar culhir ni far
culhir nenguns amendons ni amendos ni avellanos senso
lisensi de aquels de que serien et a quo en ban de sz v
per cascuno persono et la nuech doble si major non es lo
dam, et tals et tals pagaran de sieys amendos et amendons sz ij et talos amendos retornaran en aquellos de que
seran los amendos. . . . .

(Ibid. fol. 55.)

5.

. . . . . . Item mais an hordonat contro totos personos de que
grand stat et conditien que sien stranies et privas que non
auson ni presumisson ambe nenguns gardis daver menut
come son cabres menons fedos ni de aver gros come son
buous mulos azes saumas ni autres bestiari gros ni menut

1532.
24 mars.

far manjar ensers (*greffes*) de oliviers figuieros noguiers amendiers ni autres aubres quauque sien ni quauque non sien en semenas et en hermes (*en friche*) et a quo en ban de sz v per escabuet (55) et autant dasmendo et la nuech doble si major non es lo dam.

. . . .

(Ibid. fol. 73 *versò.*)

6.

Ordonanso facho en lo luoc de la Cadiera per mesenhors sindigues et consel del present an sus la conservatien des affruis.

1538.
16 juin.
Lan mil vᶜ et xxxviij et lo jort xvɪ del mes de jun congregat lo venerable consel del luoc de la Cadiera et en la maison de mossur lo sindigue sen. Laurens Bertrand et davant mosur lo baile meste Jehan Vian tos ensembles avistas et de un acordi an hordonat et fach ordonanso entre elos sus la conservatien dels affruis en la maniera que sen siec :

Et premierament an hordonat contro totos personos estranies et privas de que grand stat ny conditien que sien que non auson ny presumisson ambe nenguns gardis daver menut far manjar nenguns restobles qual que sien senso lisenso daquels de que serien tant que las garbos sera en los camps et a quo en ban de sz v et autant dasmendo et la nuech doble si major non es lo dam , et tant cant tal aver si aprocharan de x passos de las dichos garbieros ossi tombaran en lo ban de sz v et autant dasmendo et la nuech doble si major non es lo dam.

Item mais an hordonat contro totos personos quals que

sien que non auson ny presumisson anar glanar nengunes espigos en nenguns restobles senso lisenso daquellos de que seran que premierament las garbos non sien
acampados et a quo en ban de sz v et autant dasmendo et
la nuech doble si major non es lo dam, et lo tals glaneiris
non auson si aprochar de x passos de las dichos garbieros
et a quo en ban de sz v et autant dasmendo et la nuech doble si major non es lo dam (56).

Item mais an hordonat contro totos personos quals que
sien que non auson ny presumisson prendre ni far prendre nengunos garbos en nengunes garbieros senso lisenso
daquels de que seran et a quo en ban de ffᵒ x et autant
dasmendo et la nuech doble si major non es lo dam, la
mitat al segnhor et laultre mitat al denontiant.

Item an hordonat contro totos personos quals que sien
que non auson ny presumisson prendre ni far prendre
nenguns raisins ni aigrases en nengunos vignhos senso
lisenso daquelos de que seran et a quo en ban de sz v et
autant dasmendo et la nuech doble si major non es lo dam,
et cant bagnhiers (*banniers*) levara los raisins a tals mal
fasent et tals mal fasent non si laissara contar los dichs
raisins pagaran doble asmendo la mitat al bagnhier oh
autre denontiant et lautre mitat en aquel de que sera la vi-
gnhas a se que sera estimado que es un cart per raisin oh
aigras.

Item mais an hordonat contro totos personos quals que
sien que non auson ni presumisson prendre nengunos
noses amendos avelanos peros figos prunos pessegues
senso lisenso daquelos de que seran tals aubres et a quo
en ban de sz v per persono et autant dasmendo et la

4

nuech doble si major non es lo dam, et de quatre noses
quatre amendos quatre avelanos quatre peros quatre figos
quatre prunos quatre pessegues un patat et aquel nombre si partira entre lo bagnhier et aquel de que seran tals
aubres.

Item mais an hordonat contro totos personos quals que
sien que non auson ni presumisson prendre ni far prendre nengunos sebos en nengunos sebieros ny en jardins
senso lisenso daquellos de que seran et a quo en ban de
sz v et autant dasmendo et la nuech doble si major non
es lo dam, et de dos sebos un patat.

Item mais an hordonat contro totos personos quals que
sien que non auson ni presumisson prendre acanar ni
culhir negunes perussos ni sorbos come es afaudados (57)
acanestelados (58) a pleins paniers ho gorbados (59) ho
autrament senso lisenso daquelos de que seran et a quo
en ban de sz v per persono et autant dasmendo et la
nuech doble si major non es lo dam.

Item mais an hordonat contre totos personos quals que
sien que non auson ni presumisson ambe nenguns gardis
daver menut ni gros paisar ni far paisar ni far manjar pras
aigadisses (A) ny en nengunos vignhos et a quo en ban de
sz v del gros bestiari per bestio et autant dasmendo et la
nuech doble si major non es lo dam, et de bestiari menut sz xviij per escabuet loqual escabuet sera de xv bestio
en sus, et de xv bestio en bas un sous real (60) per bestio.

Item mais an hordonat contro totos personos qualque
sien que non auson ni presumisson menar nenguns pors

(A) Et pasquiers......   (Ordon. du 12 mars 1559.)

ni truya dintre villos senso estaquat ny de foro (61) mal
fasent et a quo en ban de un florin per porc et per truya
autant dasmendo et la nuech doble si major non es lo
dam (a).

Item mais an hordonat contro totos personos quals que
sien que non auson ni presumisson ambe denguns bestiaris de pe redon et de pe forcat far manjar nenguns oli--
viers ny euses figuiers avelaniers, asetat (*excepté*) grosses
noguiers et a quo en ban de g° iij per bestio et autant
dasmendo et la nuech doble si major non es lo dam.

Item mais volon los dis mesenhors sindigues et consel
que las dichos ordonansos valhon et tengon tant quant
sera de lur bon plasir.

(Ibid. fol. **174** *versò*.)

7.

Ordonanso facho......sus la conservatien dels ufruis.
Lan mil v^c et xxxviij et lo jort ix del mes de setembre   1538.
congregat lo honorable consel del luoc de la Cadiera et 9 septemb.

(a) Item mais an hordonat contro totos personos qual que
sien que non auson ny presumisson menar nenguns pors ny
truyas dintre termes senso estaquat et de foro mal fasent tombaran en ban de sz v per porc et per truyas per cascuno fes
autant dasmendo et la nuech doble si major non es lo dam.

(Ordonn. du 5 mars 1538.)

Item mais que degunes personos non auson menar ses pors
de foro ho estaquat ho non estaquat daisi (*d'ici*) a tant que sie
vendemiat et las figos et sorbos culhidos et a quo a la peno de
quatre sous la mitat al segnhor et lautre mitat al denonciant.

(Ordonn. du 28 juillet 1538.)

en la maison de mosur lo baile mestre Jehan Vian et present lo dich mosur lo baile tos ensembles avistas et de un
bon acordi an ordonat et fach ordonanso entre elos sus
la conservatien dels uffruis en la maniera que sen siec :

Et premierament an hordonat contro totos personos
quals que sien que non auson ni presumiscon ambe nenguns gardis daver menut far manjar nengunos olivos
dintre termes ni foro termes et a quo en ban de sz v et
autant dasmendo et la nuech doble si major non es lo dam
et lo denontiant dera aver del ban denontiat autant que
lo banhier et cant lo banhier aura denontiat nenguns bans
lo dich banhier los dera manifestar et far asaber en aquel
de que seran las possessions.

Item mais an hordonat contro totos personos quals que
sien que non auson ni presumiscon ambe nenguns bestiaris mulatier et boin far manjar nenguns aglans ni far
trapiar nengunos terrados dolivos dintre termes ni foro
termes et a quo en ban de sz v per bestio et autant dasmendo et la nuech doble si major non es lo dam , et lo
denonciador dera aver autant que lo banhier et cant lo
banhier aura denontiat los bans los dera manifestar et
far asaber en aquels de que seran las possessions.

Item mais an hordonat contro totos personos quals que
sien que non auson ni presumiscon ambe nenguns bestiaris daver porsin (*de race porcine*) far manjar nenguns
aglans dintre termes ni foro termes et a quo en ban de sz
xxv et autant dasmendo et la nuech doble si major non es
lo dam.

Item mais an hordonat contro totos personos quals que
sien que non auson ni presumiscon rebrondar ny esca-

bassar roves euscs oliviers olivastres ni ensers doliviers
ny nenguns autres aubres senso lisensi daquellos de que
seran et a quo en ban de sz v per persono et cascuno vir-
gado et la nuech doble si major non est lo dam, et lo denontiador dera aver come dessus.

Item mais an hordonat contro totos persono quals que
sien que non auson ni presumiscon pasar per nengunos
drayos de garas (*guérêts*) ny nengunos drayos de restobles
de devendudos ny ambe gens ni ambe bestiary et a quo en
ban de sz v per personos et per bestio et autant dasmendo et la nuech doble si major non es lo dam.

Item mais an hordonat contro totos personos quals
que sien que non auson ni presumiscon culhir ni dacanar
nengunos tosquos deuses ny de roves que sien en colturo
senso lisensi daquellos de que seran ny aussi dacanar
nengunes perusses et a quo en ban de sz v per personos
et autant dasmendo et la nuech doble si major non es lo
dam , et lo denontiador dera aver come es dessus escrich.

Item mais an hordonat contro totos personos quals que
sien que non auson ni presumiscon ambe nenguns bestiari de pe redon ny de pe forcat come son mulos egos
ases ho saumas ho buous anar las metre apasturar per
las vignhos et a quo en ban de sz v per bestio autant dasmendo et la nuech doble si major non es lo dam.

Item mais an hordonat contro totos personos quals
que sien que non auson ni presumiscon anar repugar (*grapiller*) per las vignhos ni culhir figos en las figuieros a
huec jort apres Sant Miquel et a quo en ban de sz v per
persono et autant dasmendo et la nuech doble si major
non es lo dam,

Item mais volon los dichs mesenhors sindigues et consel que las dichos ordonansos valhon et tengon tant quant
seran de lur bon plagir.

(Ibid fol. **178** *versò.*)

8.

Ordonansos . . . . sus la conservatien del ufruis.

1555.
18 septem.   . . . . . . Et premierament an ordonat que deguns stranies ny privas non auson ny presumiscon culhir degunos
figos senso la lisensi de aquellos de que seran daqui a
Sant Luc et a quo en ban de grosses tres autant dasmendo et la nuech doble si major non es lo dam.

. . . . . . Item que degunos personos non auson glanar
nengunos olivos tant que aura dollives es olliviers ni las
prendre ni en mollins ny en bassats a la peno de florins
dix la mitat au segnor et au denontiant et lautre mitat
en aquel de que seran las ollivos et la nuech doble si major non es lo dam senso lisensi daquellos de que seran.

Faict et publie a la place publique du dict Cadiere devant la porte dicte de Sainct Jehan et presens etc. etc.

(Libre de ordonansos de la universitat del luoc
de la Cadiera. Régist. n° 3. fol. 27.)

9.

Ordonance faicte par les sindicz de la Cadiere sur la
conservation des fruitz du terroir de la Cadiere.

1556.
26 avril.   Lan a la nat. nost. Seigneur mil cinq cens cinquante
six et le xxvi^{esme} jour du moys davril assembles le honorable conseilh de la Cadiero en la chambre commune du
aurologe du dict lieu present monsur le baille Sauvayre

Bernard a ce present ou sont estes presens Augias Bernard et Laurens Chaudoin dict Fedou (62) sindicz Jehan EstienneJehan Chaudoin Anthoine Gayroard Barthelemy Chais Pons Allegre et Laurens Gamel not. conseilhers et an present administrant la chose publique ont ordonne et faict ordonnance tous de unq bon accord sur la conservation des eflruictz et arbres du terroir du dict lieu en la forme et maniere suyvante :

Et premierament an ordonat que deguns estranies ny privat non auson ny presumiscon talhar gastar ny depopullar deguns olliviers olivastres ny rabassos de aquellos brancos ny cartiers et aussi roves euzes amendiers periers avellaniers ny aultres aubres fruchiers a quo en ban de florin unq autant dasmendo et la nuech doble si major non es lo dam.

Item plus an ordonat que deguns non auson prendre ni emportar degunos clausuros de vignes jardins privas en ban de florin unq autant dasmendo et la nuech doble si major non es lo dam.

Item plus an ordonat que deguns bestiari gros et menut non auson pasar en deguns saffraniers en tout temps en ban de patat xv autant dasmendo et la nuech doble si major non es lo dam.

Item plus an ordonat que deguns non auson intrar en jardins claus tant de paves qu en clausuro et que si pertellet ambe clau et sarailha senso lisenso en ban de florin unq autant dasmendo et la nuech doble.

Item plus an ordonat que deguns non auson prendre ni emportar senso licenso daquellos de que seran degunos gardos de cabussos socques (*souches*) mortos ni vivos

de degunos vignos ni gaveus (*sarments*) en ban de grosses sieis autant dasmendo la nuech doble si major non es
lo dam.

Item plus an ordonat que deguns non auson ambe bestiary gros ny menut fayre paistre en degunos avellanedos
ni manjar avellanos tant dintre que foro termes a quo en
ban de grosses sieis per bestio autant dasmendo et la
nuech doble si major non es lo dam , et quant a laver menut en ban de grosses dix huict autant dasmendo per escabot declarant per escabot de quinze bestis en sus et de
quinze bestis en bas gros unq de ban et autant dasmendo.

.... Item que deguns banhiers ni campiers non
denonceran deguns bans que premierament non ayon sa-
boucat en quu appartendra la comendos , autrament an
ordonat que lou dich ban non ayon aucun efficace ni
vallor.

Item plus an ordonat que las dichos ordonansos valhon et tengon tant quant que lur bon plesir sera et non
plus.

Faict et publie au dict lieu de la Cadiere et en la rue
sive place commune du dict lieu appelee au portal sainct
Jehan en presence de Hugues Decugis fils de Massel du
Castellet et Jacques Daumas fils de Guilhem du Baucet.

(Ibid. fol. 41.)

10.

1559.
12 mars. .... Item an ordonat que deguns non auson tenir
que unq cabris o fedo ou unq mouton tant sollament ambe
son seguenti et se son trobas en mal fach pagaran en ban
de quinze patat autant damendo et la nuech doble et quu

nen tendra davantagi pagara dix huict sols per los termines per un escabot la mitat au segnor et lautre mitat au denonciant.

...... Item que deguns non auson coupar lentiscles ny darbossos (*arbousiers*) per defulhar ni en faire marchandises au terrador de la Cadiera senso la lisensi daquellos de que seran las terras de boscos en ban de tres soulz autant damendo et la nuech doble si major non es lo dam.

(Ibid. fol. 98.)

11.

...... Item que deguns non auson cassar a la taretto (63) en degunos vignos despuis lou present jour fin que (*jusqu'à ce que*) las vignos seran vendemiados senso la lisensi daquellos de que seran en ban de patat xv autant damendo et la nuech doble si major non es lo dam.

1560.
1er juin.

Item que deguns non auson prendre ni culhir degunos sorbos ny perussos senso la lisenso daquellos de que seran en ban de patat xv et autant damendo la nuech doble si major non es lo dam.

Item que deguns non auson lavar en degunos fons sugestes (*appartenant*) a la vilo ni en degunos piellis (*auges*) per abeourar degunos tripos ny testos ni ortholalho a quo en ban de grosses sieis autant damendo la nuech doble si major non es lo dam et la mitat au seignor et lautre mitat au denonciant (A).

(A) Item que deguns non auson lavar deguns causes pres des fonts et abeourages (64) de dix pas de luong a la peno de dix

Item que deguns non auson menar deguns porcz privas en deguns restobles si non son mestre daus restobles
si non que lou tengon estaquas ni lou menar per lous
vignos saffraniers ni autre part fasent mal ou que sien
estaquas en ban de florin unq autant damendo et la nuech
doble si major non es lo dam.

Item que deguns estranies ni privas non auson rompre ni atorbar (*troubler*) lous beaux et resclauves (*écluses*)
das mollins de la villo que sie interest al dichs mollins a
la peno de dix florins la mitat au segnor et lautre mitat
au denonciant.

Faict et publie au dict Cadiere a la plasse publique au
devant la porte dicte sainct Jehan en presence de Honorat Gavarrit de Aullieules et de Jehan Rainaud de la
Sieutat tesmoingz requis desquelles conclusions le dict
mosur le baille au nom du dict seigneur du dict lieu a requis acte et coppie lui estre faicte.

GAMEL not.

(Ibid. fol. 135.)

12.

1563.
9 mars.   . . . . . . .Item que deguns non auson a manjar degunos
fabos ny aultre legumes en ban de 6 soulz autant dasmendo la nuech doble. . . . . . .

(Ibid. fol. 213.)

florins aplicado la mitat a la ville et l'autre mitat entre lo segnor
et lo denonciant.

(Ordonn. du 3 mai 1564. Régist. n° 3: fol. 234.)

13.

...... Item que degun non auze nayar deguns ca- 1571.
nebes (*chanvres*) lins (65) despuis las plus aultes fons au 26 juin.
terrador de St Damian (66) jusques au gor (*petit lac*) dau
plan de la mar ny despuis lou pas dAnthumy tirant vers
Gaissat (67) a la peno de florins deux la mitat au segnor
lautre mitat au denonciant.

Item que degunes personos estranies ny privas non
auzon ny presumisquon prendre ny emportar degunos
sequieros (68) rompudos (69) de bosq ny herbos davella-
nedos et garrats senso lysenci de quu seran las dichos
sequieros et rompudos a molluns (*entassés*) en ban de
ung florin obtant damendo la nuech doble si major non
es lo dam.

Itəm que degunes personos estranies ny privats non
auzon ny presumisquon portar escondu dintre deguns
fays (*fagots*) de bosq messugues (70) siec gerbes deguns fruictages sebos ny ortholalho que non siec sieou a
la peno de florin unq la mitat au segnor laultre mitat au
denontiant et sera permes chascun que lou rescontrara
de lo visitar et chascun porra denonciar.............

(Libre de ordonansos de la universitat de la Cadiera. Régist. n° 4. fol. 26.)

14.

.... Item que degunos personos non auzon acou- 1572.
par degunes brougues (*brouts*) ny vergues davellaniers 26 avril.
senso lysensy en ban de unq florin autant dasmendo la
nuict double applicable comme dessus.....

Item que deguno persono non auze estendre deguns draps (*linges*) ny saycar (*sécher*) figues ny aultres causes ny anar per paumes sus degunes taulysses senso lisency de aquellos de que sera la taulysse en ban de florin unq autant dasmendo et la nuict double si major non es lo dam . . . .

(Ibid. fol. 65.)

15.

. . . . Item que degun non auze agoutar ny tapouillar deguns abeourages a la peno de six soulz la mitat au segnour laultre mitat au denonciant . . . . . .

(Ibid. fol. 75.)

16.

Ordonnanso facho des pinz et aglans.

Lan que dessus (*mil cinq cens cinquante cinq*) et le xxII de septembre congregat le honorable consel du present lieu de la Cadiere en la chambre commune du relloge en la presance de mons. le baille Salvador Bernard Nicolas Blain Barthelemy Roden sindicz. — Nicolas Rogier. — Honorat Gamel. — Steve Prebost. — Rostan Prebost. — Laurens Chaudoin et Guilhem Laugier consellers lesquelz tous de unq bon accord ont ordonne et faict ordonnance des pinqz et aglans come sen siegue :

Et primo que deguns stranies ny privas non auson ny presumiscon talhar ny fayre talhar deguns pinz vers senso lysenso daquellos de que seran a peno de florin unq et grosses sieis autant dasmendo la nuech doble si major non es lo dam la mytat entre lo segnor et lou de-

nonciant et lautre mytat daquellos de que seran lous pinz.
Si das pinz rebrondas (*émondés*) lous mauffators pagaran
unq escut per cambo (*par pied*) au proffict daquellos de
que seran, et daquellos que non seran rebrondas grosses
sieis per cambo en aquellos de que seran lous pinz.

Item mais que deguns stranies ny privas non auzon
ambe deguns bestiari gros de pe redon ou de pe forcal
fayre manjar deguns aglans (A) tant dintre que foro termes en ban de grosses quatre autant dasmendo la nuech
doble si major non es lo dam la mytat entre lo segnor
et lou denontiant et lautre mytat de aquellos de que seran las aglans et lou bestiary serien estacat en banc ral
(*ban réal*).

Faict et publie en la plasse publique du dict Cadiere
au devant la porte dicte sainct Jehan et en presence de
Jehan Penon fils de Joseph et de Anthoine Revest du
Castellet temoingz requis et desquelles ordonnances
Jehan Marin au nom du seigneur du dict lieu a requis
acte et coppie lui estre consedee par le baille.

GAMEL not.

(Régistre n° 3. fol. 30.)

(A) Aglans de roves, tosquos , euses. — (Ordonn. du 20 septembre 1562. Régist. n° 3. fol. 200.)

Il faut que la récolte des glands fut à cette époque bien considérable , puisque, par acte du 5 septembre 1511, le fermier
de l'abbé de Saint-Victor en vendit le *pasturgage* dans la terre
de Saint-Damien depuis le dit jour jusqu'*aux trois rois* (épi-
phanie) *pour le prix de* 50 *florins de roi* , *de* 30 *sous de roi*.
(Archives de la Cadière , 1 p art. série D. n° $\frac{1}{6}$

CHIENS ERRANTS.

Ordonnansos fachos en lo luoc de la Cadiera per mesenhors sindigues et consel del present àn subre los
cans cant seran atrobas en malo facho dintre las vignhos.

1528.   Lan mil v^c et xxviij et lo jort xxvj del mes de jul. con-
26 juillet. gregat lo honorable consel del luoc de la Cadiera et en
la maison de mosur lo sindigue mestre Rainaut Chais et
davant mosur lo baille meste Jehan Vian tos ensembles
avistats et de un acort an hordenat et fach ordenansos
entre elos subre los cans que cant seran atrobas nenguns
cans tant de gens del dich luoc de la Cadiera que de forestiers quals que sien dintre las vignhos del dich luoc de
la Cadiera tombaran en ban de sz v per can autant dasmendo et la nuech doble si major non es lo dam.

(Régistre n° 1. fol. 39.)

CHASSE.

Dès les temps les plus reculés les habitants de la Cadière jouirent du privilège de la chasse, que les abbés de
Saint-Victor, seigneurs du lieu , ne prohibèrent jamais.
A ce privilège , dont l'origine se perd dans la nuit des
temps , se rattachait une coutume, encore en usage à la
fin du siècle dernier, et qui avait quelque analogie avec
la fête du Roitelet , célébrée à Carcassonne et à Mirabeau
(Vaucluse) , fête qu'on trouve décrite dans l'ouvrage
intitulé : *France pittoresque* (tom. 1 et 3).

Le lendemain de Noël , fête de Saint Etienne , les con-

suls de la Cadière et les conseillers municipaux , précédés
du clergé paroissial et du capitaine de ville avec ses offi-
ciers , allaient , tambour battant et drapeau déployé , à la
porte du château seigneurial ou à son emplacement quand
il eût été démoli , faire hommage au seigneur , au nom
des habitants, de deux oiseaux de proie ou autre fruit de
leur chasse. En son absence , son officier de justice recevait l'hommage , moyennant lequel le seigneur donnait
75 francs pour les deux repas que le clergé et la municipalité prenaient ensemble à Saint-Cyr le 2 mai et le
jour de l'Ascension. Cette antique cérémonie , qui se ter-
minait par un bal auquel présidait le capitaine de ville ,
régulateur de toutes les fêtes , se nommait la *pétoie* , du
bas latin *petagium* qui veut dire tribut , redevance , ou
selon d'autres du provençal *petoua* (roitelet) , nom d'un
petit oiseau qu'on offrait le plus souvent en hommage. Le
même usage féodal existait à Sixfours avant 1789; avec
cette différence que là , à la fin de la cérémonie , le seigneur ou son fermier jetait au peuple par les fenêtres du
château une grande quantité de *néoules* (gaufres), au lieu
qu'à la Cadière le peuple faisait pleuvoir sur le château
une grêle de pierres (71) , comme pour se venger , par
ce simulacre de lapidation , de quelque membre de la famille des Baux (co-seigneurs de la Cadière jusqu'en 1365)
dont la domination féodale [avait été probablement moins
pacifique que celles des abbés de Saint-Victor, qui ne con-
testèrent jamais aux habitants la possession du privilège
de la chasse, moyennant le faible hommage dont nous ve-
nons de ·parler. Ce n'est pas que les représentants de ces
seigneurs ecclésiastiques n'eussent parfois élevé des pré-

tentions , comme celle de vouloir exiger un quartier de chaque sanglier abattu (72) ; mais les magistrats de la Cadière surent dans tous les temps maintenir intact le privilège de la communauté, privilège dont ils réprimèrent les abus par de sages ordonnances.

Ordonanso soubz las penos des domages faitz par les cassaires (*chasseurs*) tant de nuict que de jort en las vignas rasins et aultres fruches.

1548.   Lan 1548 et le quinziesme jort du moys de avost con-
15 août. gregat lo honorable conseil du lieu de la Cadière et en la salle commune de Sainct Esperit assembles Anthoine Gairoard Pierre Garin sindicz Laurens Verdalays Berthoumiou Chays Laurens Chaudoin Nicolas Blain conselhiers et present mosur le baille Elzear Bernard tous dunq bon accord et semblable vouloir ont hordonne et faict hordenance que degunes persones stranies de casso tant de pel que de plume non ause ni presumisque anar cassar ambe arbalete tant de nuet que de jort a las vignas senso licensy de aquel de que sera las vignos durant lo bon plaisir de la villo (*pendant l'ouverture de la chasse*) , et a quo a peno de grosses trente de ban hotant dasmendo et la nuet doble , ny ossi anar s embuschar sous albres fruchiers assaber oliviers noguiers periers amendiers perussiers olivastres rouves sorbieros et a quo en banc de grosses trente hotant dasmenda.

Item que deguno persono non ause ny presumisque anar metre lasses (*lacets* , *filets*) soubz albres fruchiers en banc de grosses trente hotant dasmenda.

Item que deguno persono non ause ny presumisque

anar cassar ambe las esparenquos (73) soubz albres fruchiers ny ossi en baraignes dintre las vignas ny jardins et
a quo en ban de grosses tres hotant dasmenda.

Faict au lieu que dessus estant moy.

SICARD greffier.

(Libre d'ordonansos de la universitat de la Cadiera. Régist. n° 2. fol. 170 *versò.*)

CHASSE AUX GOELANDS.

Conclusion de aver deux homes per apparar lous gabians.

Lan mil cinq cens soixante cinq a la nativite nost. Seig. 1561.
et le quatriesme jour du moys de novembre assemble le 4 novemb,
honorable conselh du present lieu de la Cadiere dans la
chambre commune du dict lieu ou sont estes presentz
M. Jehan Antoine bailhe Esteve Preboist et Laurens Gamel sindicz Jehan Audiffren Barthelemy Chais Jehan Gue-
rin Jullien Vian et Pierre Laugier conselhers et moss.
Amphossy Barthelemy adjoinct tous ensembles et de unq
accord ont conclud que les dichz sindicz loueront deux
homes au meilleur pris qu'ils pourront pour descassar
lous gabians et demourar tout le jour a labeourage dau
plan de la mar et si non demoron tout le jour au dich
abeourage perdran ses gaiges et ainsin a este conclud et
per jousse (*jussu*, mandement) du dich conseilh me suis
soubzsigne.

GAMEL not.

(Regist. n° 3. fol. 174.)

CHASSE AUX SANGLIERS.

Conclusion de far baragnhos (*haies*) per cassar las porcz sanglats.

Le dict an et jour susdict (1564 12 *mars*) les consel-lers ont conclud que on fera baragnhos aux lieux neces-saris et que lon talhara jambes de pinz euzes et rebrondas (*émondes*). Pareillament on prendra tousches et aultres rames (*brondilles*) non fraischement coupees pour cassar las porcz sanglats et que persone non ausara rompre las dichos baragnes a la peno de 10 florins aplicables la mitat au seignor et laultre mitat au denonciant et que chascun porrat denonciat et par jousse du conseil me suys soub-signe.

GAMEL not.

(Ibid. fol. 231 *versò*.)

On voit par cette ordonnance que le sanglier habitait jadis le terroir de la Cadière. Il en a disparu depuis que les épaisses forêts qui en couvraient la majeure partie , ont été éclaircies ou entièrement défrichées , surtout de-puis que d'immenses vignobles ont remplacé les chênes séculaires qui boisaient le flanc septentrional du Puy-barnon, et que l'yeuse, dont il reste à peine çà et là quel-ques touffes, ne verdit plus de son feuillage sombre le quartier rural des *suvériés*, paré aujourd'hui de vignes et d'oliviers , et clairsemé autrefois de beaux lièges, dont il tire son nom (*suberies*).

Aussi bien la chasse aux sangliers se faisait avec grand appareil lorsque ces animaux se répandaient dans les champs et y faisaient des ravages; alors était ordonnée une battue générale à laquelle la jeunesse, qu'on divisait par bandes armées, était invitée à prendre part. Pareille chose eût lieu lors du passage de Charles IX à la Cadière le 4 novembre 1564. Les actes de la communauté nous apprennent qu'il y eût à cette occasion *grande et petite chasse* dont le produit fut déposé aux pieds du roi, qui parut extrêmement sensible à cet hommage. A l'arrivée de quelque grand personnage en Provence, la communauté, soit qu'elle voulut se le rendre favorable soit que ce fut pour elle un devoir, ne manquait jamais d'aller lui faire *la révérance*. Un *honneste present* accompagnait d'ordinaire l'hommage, et presque toujours ce don consistait en quelque énorme sanglier. Telle fut l'offrande que la communauté fit au cardinal Strozzi en 1568, à Philippe de Vendôme, grand prieur de France, quand il vint prendre le commandement de la Provence, et au duc d'Epernon pendant qu'il en était le gouverneur. La délibération, relative au présent qu'il reçut à son arrivée à Toulon, mérite d'être transcrite pour la naïveté de son style.

Conclusion de aller faire la reveransse a monssegnour le duc de Espernon et faire un present de unq poarc sanclier, Le 7 janvier 1593.

Le honorable conselh assembles dans la maison dau s^r Arnaud Martinot a lacistansse et presansse de mons. le baille Mr Francoys Martinot lieutenant de juge et tous assembles le premier consoul Laugier a prepouzet come monssegnour le duc de Espernon es arriva a Thollon que seroit bon de ly anar fere la reveransse et fere un present

de unq poarc sanclier et ly remonstrar la perte de nostre
lieu (*occasionnée par le siège qu'en fit le connétable de Les-*
diguières en 1592 et la lourde contribution qu'il exigea
pour la capitulation). Apres la prepousition faicte dau
dict consoul le dict conselh come bien advisat an trouva
bon de ly fere la reveransse et ly faire le dict present et
deputar le consoul Laugier et Mr Francoys Martinot baille
pour aller faire la reveransse au dict segnour et anssin a
este conclud.

Escript par moy soubsigne

LOMBARD greffier.

(Régist. des délibérations n° 6 fol. 123.)

Nous ne saurions mieux terminer ce choix d'ordonnances municipales sur la police rurale que par le règlement suivant. C'est une pièce curieuse et par son style
et par ses détails; elle résume tous les statuts municipaux de la Cadière, antérieurs au xviie siècle , sur une
matière qui laisse tant à désirer dans notre législation
actuelle.

Conclusion sur la conservation des effruictz de la terre
du present lieu de la Cadiere sur la presente annee 1596
et confirmee pour lannee 1597.

1596.
23 juin. Lan mil cinq cens nonante six et le vingt trois^{esme} jour
du moys de juny assembles les consulz et conscilh dans
la chambre commune du horolloge du present lieu de la
Cadiere ou sont estes presentz sire Anthoine Estienne et
Joseph Bernard consulz Me Anthoine Decugis. — mes.
George Laugier. — Pierre Lombard. — mestre Estienne

Vian prinz pour adjoinct au lieu et place de Honorat Gue-
rin. — Jehan Gamel de feu mestre Pierre et Pierre Jacques conseilhers et administrantz les affaires communes
en lannee presente du dict Cadiere lesquelz tous avec
ladcistanse et presence de M⁰ Jehan Reffort baille tous
dunq bon accord et vollonte ont conclud et arreste pour
fere observer et garder les effruictz et arbres du terroir
du dict lieu les banqz (*bans*) et penes que cy apres sen
suyvent :

1. — Et premierament que degune persoune non au- despopular
olliviers.
sara despoppular ny couppar deguns olliviers ny ollivastres branques ny cartiers tant viel que nouvel et chappes
et tous aultres aubres fruchiers senso licensy dau proprietary a la peno de dix florins de jour et de nuict double sy major non es lo dam applicables un tiers au seignour unq tiers au proprietary et unq tiers au denonciant.

2. — Item que degunes persounes non ausaran pren- Plantuns
olliviers
et aultres.
dre deguns plantuns (*plants*) faict (d) olliviers ollivastres
ny aultres aubres senso licensy a la peno de dix florins
per chascuno cambo et la nuict double sy major non es lo
dam applicables comme dessus.

3. — Item que degune persoune non ausara prendre Ollives.
ny emportar degunes ollivos senso lisensy a la peno de
dix florins et la nuict double sans presjudice destre accusat
de larrecin.

4. — Item que degune persoune non ausara glenar de- Glanar
ollivos.
gunes ollivos senso lisensy dau proprietary a la peno de
cinq florins et la nuict double applicables comme dessus.

5. — Item que degunes persounes non ausaran croum- Croumpar
ollivos.

par degunes ollivos ny retirar (*recéler*) deguns aultres fruictages de deguns enfants puppils et de famille a la peno de vingt florins applicables comme dessus sans presjudice destre accuzat de larrecin.

Euses roves.

6. — Item que degunes persounes non ausaran couppar deguns roves euzes ny debranquar avellaniers perussiers ny deguns aultres aubres fruchiers a la peno de six florins et la nuict double applicables comme dessus.

Pinqz.

7. — Item que degunes persounes non ausaran rebrondar ni couppar deguns pinqz vers a la peno de dous florins et la nuict double applicables comme dessus, et outre la peno pagaran unq escut per cambo de aquellos rebrondar et unq florin per cambo de aquellos que non seran rebrondar.

Derusquar pinqz.

8. — Item que degunes persounes non ausaran derusquar (*écorcer*) deguns pinqz senso licensy dau proprietary a la peno dunq florin applicable comme dessus et la nuict double sy major non es lo dam.

Jardins.

9. — Item que degunes persounes non ausaran intrar en deguns jardins clauches (*clos*) de murailhes baraignes (*haies*) serar ambe sarrure a clau a la peno de dix florins et la nuict double sy major non es lo dam.

Raizins.

10. — Item que degunes persounes non ausaran culhir deguns raizins en vigno ni en treilho a la peno de dos (*deux*) florins et la nuict double applicables comme dessus, et outre la dicho peno pagara cinq soulz per raizin et quy non sy laissara coumtar lous dichz raizins tombara a la peno de dix florins et la nuict double et reservat lous enfans de leage de dix ans en bas que pagaran cinq soulz.

11. — Item que degune persounc non ausara prendre degunos rebatudos (*émondes*) que de rebatudos de pinqz et non nen ausaran prendre que per son negocy de la maison , antrament quy nen prendra per nen faire marchandize sie per four ou per portar a la mar (*embarquer*) tombara a la peno de cinq florins et la nuict double applicables comme dessus.

Rebatudos de pinqz.

12. — Item que degune persoune non ausara prendre ny culhir deguns fruictages comme nozes amendos avellanos et aultres fruictages a la peno de cinq florins et la nuict double applicables comme dessus.

Nozes amendos avellanos.

13. — Item que degunes persounes non prendran degunes garbos senso lisensy dau proprietary en degunes garbieros a la peno de vingt florins applicables comme dessus et sans presjudice destre accuzat de larrecin.

Garbos.

14. — Item que degunes persounes non ausaran glenar deguns restoubles quand las garbos ly seran ny s approuchar de dix pas de las garbos a la peno de six soulz payables comme dessus.

Glenar.

15. — Item que degune persoune non ausara repugar (*grapiller*) degunos vignos que ly ayes figuieros ny senso figuieros senso licensy dau proprietary a la peno de dous florins et la nuict double applicables comme dessus.

Repugar.

16. — Item que degune persoune non ausara descanar (*abattre*) deguns aglans ny culhir senso licensy a la peno de dous florins payables comme dessus.

Aglans.

17. — Item que degune persoune non ausara culhir deguns seboullas (*plants d'oignons*) senso licensy dau proprietary a la peno de cinq florins payables comme dessus.

Seboullas.

18. — Item que degunes persounes non auson culhir

Greus de vignos.

deguns greus (*brouts*) de vigno ny treilho a la peno dunq
florin payable comme dessus.

Drayos.   19. — Item que degunes persounes non ausaran passar
en degunes drayos de semenas devendudos ny aultres
partz non estent subjet de baillar camin (*serviles*) a la
peno de unq florin payable comme dessus.

Peyros.   20. — Item que degunes persounes de leage de dix
ans en sus non ausaran tirar degunes peyros en deguns
aubres a la peno dunq florin.

Pavetz.   21. — Item que degune persoune non ausara rompre
ny ravesar deguns pavetz ny estanques (74) ribos (75)
ny clappiers per serquar limasses a la peno de cinq soulz.

Ribos.   22. — Item que degune persoune non ausara rompre
degunes ribos (de) vallads ny estanquos per prendre allu-
dres (76) ny aultrament tombara a la peno dunq florin sy
major non es lo dam.

Pourcaux.   23. — Item que degune persoune non ausara menar
deguns porcz en deguns restoubles vignos periers saffraniers hieres (*aires à fouler*) et suillos ny aultre part que
non sie menat per estaquo tombara a la peno de dous
florins et la nuict double.

Lou paty   24. — Item que degune persoune non ausara lavar en
de la   degunes fontz et piellis subjecte a la villo deguns immun-
bono font.   disses et aultres causes a la peno de dous florins applicables comme dessus.

Taretto.   25. — Item que degune persoune non ausara cassar a
la taretto en degunes vignos despuys lou premier jour de
jun jusques que sien vendemiados senso licensy dau proprietary a la peno de dix soulz per chascune fes.

Segar   26. — Item que degune persoune non ausara segar es-
civados
ordy.

troussar ny derrabar degunos civados ordy pasquiers ny aultre semenas a la peno de six florins et la nuict double sy major non es la dam payables comme dessus.

27. — Item que degune persoune non ausara segar degunes devendudos pratz vignos ny derrabar degunes herbos a la peno de dous florins et la nuict double si major non es lo dam applicables comme dessus. *(Defendndos.)*

28. — Item que degune persoune non ausara prendre degunes cannos en deguns canniers ny pignons en deguns pigniers a la peno dunq florin et la nuict double applicable comme dessus. *(Cannes.)*

29. — Item que tout porc que sera attroubat dintre semenas et vignos non vendemiados tombara a la peno de trente soulz per besty et la nuict double sy major non es lo dam applicables comme dessus, *(Porcz.)*

30. — Item que degune persoune non ausara defulhar (*effeuiller*) degunes figuieros ny deguns canniers a la peno dunq florin et la nuict double sy major non est lo dam payable comme dessus. *(Defulhar, figuieros, cannes.)*

31. — Item que tout bestiary buou que sera troubat manjant semenas devendudos tant dintre que foro termes tombara a la peno de tres florins et la nuict double sy major non es lo dam applicables comme dessus. *(Semenas devendudos.)*

32. — Item que tout aver menut buous cabros et fedos que seran attroubat en semenas devendudos tant dintre que foro termes pasturan pagaran cinq florins et la nuict double declarant per escabot de dix huict bestys en sus et de dix huict bestys en bas pagaran unq soul per besty applicables comme dessus. *(Ave semenas devendudos.)*

33. — Item que tout bestiary tant de pe redon que *(Bestiary semenas.)*

fourcat et saumin (*de race asine*) que sera attroubat et
manjant semenas tombara a la peno dunq florin per chascune besty et la nuict double sy major non es lo dam.

Devendu-
dos
bestiary.

34. — Item que tout bestiary gros tant de pe redon
que fourcat et saumin que seran attroubat en degunes
devendudos tombaran a la peno scavoir lou gros bestiary
de dix huict soulz per besty et lou saumin pagara dix
soulz applicables comme dessus.

Porcz
dintre villo

35. —- Item que tout porc que sera attroubat tant dintre villo que a lentour de villo et aultres partz senso estaquo que non sie menat per la man tombara a la peno
de dous florins applicables comme dessus.

Paisses.

36. —Item que degunes persounes non ausaran prendre degunes paisses (77) reject (*rejetons*) (78) (d) olliviers ou aultres aubres a la peno de tres florins et la nuict
double applicables comme dessus.

Clauzures.

37. — Item que degune persoune non ausara prendre
ny emportar degunes clauzures de hort (*jardin*) vignos
prat ny deguns gardyes de vignos (*échalas*) cabus (*pro-*
vins) ny souquos ny gaveous a la peno de cinq florins et
la nuict double sy major non es lo dam applicables comme
dessus.

Ave
ollivos.

38. — Item que tout ave et porc que seran attroubat
en manjant ollivos tant dintre que foro termes tombaran
a la peno de tres soulz et la nuict double applicables comme dessus.

Pettos
femiers.

39. — Item que degune persoune non ausara prendre
ni culhir degunes pettos (*crottin*) femier ny fentar (*fiente*
d'animaux) a la callade anant a la bono font ny a la plasso
que la coumuno a arrendat ny en drayos de aulcuns par-

ticulliers tant dintre que foro termes ny gystures (*ordures*)
a la peno de six soulz et la nuict double applicables comme dessus.

40. — Item que degune persoune non ausara prendre
deguns femiers de degunes suilhos (*souilles*) clauches
moullonas (*entassés*) ny aultrament a la peno de dix florins et la nuict double quand a los grandos gens, et aux
enfans de huict ans en bas tombaran a la peno dunq florin
applicables comme dessus. *Femier suilhos.*

41. — Item que degune persoune non ausara emportar
ny derrabar deguns souquaus (79) en degunes bosquos
senso licensy dau proprietary a la peno de dix florins et
la nuict double sauf et reservat per fere carbon (80). *Souquaux.*

42.— Item que degune persoune non ausara coupar ny
faire coupar degunos nertos (*myrtes*) darbous (*arbousiers*)
et lentiscles senso licensy dau proprietary a la peno de
dous florins et la nuict double applicables comme dessus. *Nertes darbous lentiscles.*

43. — Item que degunes persounes non ausaran tenir
que uno cabro ou uno fedo en esten a lave dau bouchier
ambe son siguent (*avec son chevreau ou agneau*) dintre
termes et que nen tendra davantage tombara a la peno
de dous florins applicables comme dessus. *Avercabro*

44. — Item que degune persoune non ausara tenir
dintre termes que unq porc et que nen tendra davantage
ny fasson escabouet ambe personnes tombaran a la peno
de dix florins applicables comme dessus. *Quun porc*

45. — Item que degune persoune non ausara segar ny
derrabar deguns restoubles senso lisency dau proprietary
a la peno dunq florin applicables comme dessus. *Segar restoubles*

46.— Item que tout ave menut buou que sera attrobat *Ave termes.*

dintre termes manjant semenas devendudos ollivos olliviers figuieros et aultres aubres fruchiers pagaran dix
florins et la nuict double applicables unq tiers au seignour unq tiers au proprietary et unq tiers au denonciant
declarant per escabot de dix bestys en sus.

saffraniers   47. — Item que tout bestiary tant de pe redon que
fourcat ny saumin que seran attrobat en tout temps dintre saffraniers tombaran a la peno sabet (*savoir*) lou gros
bestiary dous florins et lou saumin unq florin per besty et
la nuict double applicables comme dessus.

Olliviers   48. — Item que tout bestiary boin et saumin que sera
figuieros
avellaniers   attrobat a manjar olliviers ollivastres figuieros avellaniers
et aultres aubres fruchiers tombaran a la peno quant au
bestiary boin de dous florins per besty et au saumin dunq
florin et la nuict double sy major non es lo dam applicables comme dessus.

49. — Item que tout bestiary tant gros qne menut et
de pe redon que fourcat que sera attrobat paisse en degunes
avellancdos et figuieros tombaran a la peno quand au
bestiary de pe redon dunq florin per besty et au bestiary
boin de tres florins per chasque beuf et la nuict double
applicables comme dessus.

50. — Item que tout ave que sera attrobat paisse en
deguns restobles senso licensy dau proprietary tant que
las garbos ly seran ny s'approuchar de las dichos garbos
de dix pas tombaran a la peno dunq florin et la nuict double applicables comme dessus.

51. — Item que tout bestiary mullart (*de la race des*
mulets) eguesin (*de race chevaline*) et saumin que sera
attrobat dintre vignos que non seran vendemiados tom—

baran a la peno de cinq florins et la nuict double et de la
vigno vendemiado pagaran trente soulz et la nuict double
et lou bestiary saumin pagara dix huict soulz et la nuict
double applicables comme dessus.

52. — Item que tout ave buou gros et menut que sera
attrobat dintre termines (81) tombaran a la peno de florins tres et la nuict double.

53. — Item que degune personne non ausara prendre
degunes peros perusses sorbos sirieyes (*cérises*) poumes
prunes pezegues et aultres fruches a la peno de dous
florins et la nuict double payables comme dessus.

54. — Item que degune persoune non ausara prendre
degunes cougourdos mellons congombres sebos ailletz
fayoulz ny degune aultre ortolailhe a la peno de tres florins et la nuict double sy major non es lo dam.

55. — Item que degune persoune non ausara prendre
degunes garoutos (*vesces*) sezes jaïsses et aultres lioumes
comme favo et lentilho a la peno de dous florins et la nuict
double applicables comme dessus.

56. — Item que sera permes a tous particulliers trou-
bant unq malfactour fasent mal au ben dunq aultre de
va revellar au particullier quy aura receu lou dommaige
et incontinent lou susdich particullier quy aura lou susdich dommaige ly sera permes poude (*pouvoir*) anar denontiar lou ban contro daquel que ly aura fach lou susdich dommaige.

57. — Item que lous bagniers (*banniers*) mes et dep-
putat per la dicho coumuno et que per ellous vendran a
denontiar las dichos penos en aulcun , advant que de las
faire escrioure, seran tengut prendre la licensy dau mais-

tre et proprietary ; aultrament la denontiatien sera de
nulle valleur.

58. — Item que tal rendier et aultre que exigeran talz
banqz et penes municipalles sera tengut la , et quand ly
aura aulcun banq escript et denonciat lou notifficar et in-
thimar tres jours apres la dicho denontiatien en aquellous
que lou deuran, aultrament seran declarat nulz et inva-
lables.

59. — Item quel tal rendier ou aultre que exigeran
lous susdichz banqz seran tengut baillar coppie des denonciatiens quand en seran requis per la partido que lou
deura et a faulte de ce tal debitour sera tengut de ren
pagar de las dichos denontiatiens et banqz affin que lou
proprietary sie paga de son dette.

60. — Et per arrestar et remediar a tous abus que sy
pourrien coumettre a talles denonciatiens banqz et penos
lous susdichz consulz et conselhiers sy sont retengut et
reservat la moderation et cassation de aquellous (82).
        22 Juing 1596.
                                DAVID not.
            (Régistre des délibérations n° 6. fol. 298.)

————

Tel était le règlement de police rurale qui régissait à
la fin du XVI° siècle les habitants de la Cadière.

Vers la dernière moitié du siècle suivant, soit que la
commuuauté eùt renoncé au droit de faire des *capitouls* ,
soit que ce droit lui cùt été ravi , toujours est-il que les statuts de la province remplacèrent les statuts municipaux
et demeurèrent seuls en vigueur jusqu'à la révolution de

1789, qui enleva aux communes le peu qui leur restait de franchises et de libertés. Aussi les consuls de la Cadière se virent dans la nécessité d'ajouter à leur pénalité, trop faible pour mettre un frein à la licence, poussée à ses derniers excès.

Dans un conseil de ville tenu le 19 septembre 1773, après avoir exposé que «les dommages qui se commettaient dans la campagne par les maraudeurs et malfaiteurs, tant de jour que de nuit étaient trop fréquents et trop considérables pour ne point exciter le zèle et la vigilance des magistrats à prévenir des malheurs qui ne pourraient que trop arriver par l'impunité des malfaiteurs ; que dailleurs la peine prononcée par les statuts de la province était trop modique pour mettre un frein à leur licence, n'y ayant qu'une plus grande peine qui pût les contenir dans le devoir,» les consuls proposèrent et le conseil délibéra unanimement « d'imposer contre les maraudeurs et malfaiteurs une amende de six livres contre toute infraction du ban dans le jour et de douze livres si c'est de nuit, et étant trouvés cueillir ou emporter des herbes et des fruits l'amende sera de douze livres si c'est de jour et de vinqt-quatre si c'est de nuit, lesquelles amendes demeureront encourues de plein droit sur la dénonce du propriétaire et autres personnes pour lui, sans préjudice des dommages et dépens, les pères demeurant responsables du fait de leurs enfants ; et dans le cas où les délinquants seraient pauvres et hors d'état de payer les dites amendes, dommages et dépens, tels délinquants seront mis en prison pour trois mois, le tout sous le bon plaisir de messeigneurs de la souveraine cour de Provence. »

Par arrêt du 4 octobre de la même année (83), le parlement homologua cette délibération, qui eût dès ce moment force de loi , et qui devait disparaître à son tour dans le torrent destructeur de toutes les libertés communales.

Ici je termine ce recueil de statuts municipaux. C'est, comme on voit, tout un code pénal, qui prouve de la sollicitude, de la sagesse et de la prévision des magistrats de la Cadière, chargés d'administrer *la chose publique*. Non seulement il entre plus ou moins pertinemment dans les recherches de l'archéologie et de l'économie rurale, de la jurisprudence et de la philologie, mais il confirme pleinement ce vieil adage des Provençaux :

Voou maï uno onço de bouen sens qu'uno lieouro d'esprit.

NOTES.

1° Voir le mémoire sur l'ancien *Tauroentum* et l'histoire du prieuré de Saint-Damien, ouvrages couronnés par l'académie des inscriptions et belles-lettres.

2° Histoire générale de Provence par Papon, tom. 3, mémoire sur les municipes, les communes et les bourgeoisies. n° V.

3° Archives de la ville de Toulon. Acte du 27 mai 1355.

4° Archives de la Cadière, I partie, série A, n° $\frac{2}{2}$ Ordonnance royale du 23 juin 1629,

5° La coutume de jurer sur les saints évangiles et de les toucher, dit Filesac (select. lib. 2. cap. 4. de jurisjurandi religione) est une imitation des juifs qui juraient sur le livre de la loi, en le touchant de la main.

Les païens juraient en touchant les autels ou les images des faux dieux : *tange aram veneris*, dit Plaute, *per venerem tibi jurandum est.*

Dans le moyen âge on jurait quelquefois par l'attouchement de l'autel. Quelquefois on n'employait pas d'autre serment pour autoriser une donation que celui de l'attouchement de l'autel, ou en déposant sur l'autel l'acte même. La coutume

6

des prélats et des religieux était de jurer en portant la main droite sur la poitrine.

6° *Cachofuec* ou *calignau*. On nomme ainsi en Provence une grosse bûche qu'on met au feu le soir de la veille de Noël après trois libations avec du vin en disant :

> Alegre, Diou nous alegre !
> Cachofuec ven !
> Diou nous fagué la graci de veiré l'an que ven !
> Se sian pas maï, que fouguen pas men !

Cette coutume ne se pratique plus guères ; mais on met encore en bien des endroits la bûche au feu pendant que l'on fait la collation. « C'est, dit M. Honorat dans son dictionnaire provençal-français, un reste de l'ancien usage par lequel ou allumait le feu à l'époque du renouvellement de l'année au solstice d'hiver. Un enfant et un vieillard devaient porter la bûche, parce que l'un représente l'année qui commence, et l'autre l'année qui finit. »

Dans notre croyante et poétique Provence, mettre *Cachofuec* ou *calignau*, c'est fêter en famille la veille de Noël :

> Aqueou grand reï de glori
> Es nat a miegeo nuech,
> N'en fasen la memori
> Quand metten cachofuec.
>   (Gautier. Cantique spirituel. n° 64.)

La joie la plus expansive préside à ces douces réunions, précieux vestiges des mœurs patriarcales de nos pères.

7° V. plus bas la note 34. — Les *miches*, petits pains ronds que l'on couronne de myrthe et qu'on met de nos jours sur la table le soir de la veille de Noël, sont un reste de cette ancienne coutume. Dans beaucoup de familles ont met autant de *miches* qu'il y a de convives ; c'est ce qui a fait donner à ces petits pains le nom de *miche*, du latin *mica*, portion, parce qu'ils représentent la portion du *pan calendau* qu'on distribuait autrefois.— V. Ducange, glossaire, au mot *micle* ou plutôt *mite*, et le bulletin du comité historique des monuments écrits tom. 1 , pag. 230.

8° Chez les Romains il y avait un conseil chargé de l'administration de la cité, et Cicéron a appelé cette assemblée *consilium commune.*

9° Archives de la Cadière, 1 part. série E, n° $\frac{23}{5}$. Cette lettre est relative à l'exemption du droit de péage, leydes et autres impositions de la ville de Marseille , accordé aux habitants de la Cadière. Voir la note 80.

10° *Ibid.* série J , n° $\frac{6}{9}$. Ordre des *farots* ou signaux de feu sur la côte maritime de Provence.

11° *Ibid.* série D. n^r $\frac{2}{1}$.

12° *Ibid.* Libre de las ordonansas del luoc de la Cadiera. Régistre n° 1. fol. 99. Ordonnance du 23 novembre 1533.

13° Le sou provençal valait 50 centimes de notre monnaie. — Sur la demande des consuls de la Cadière, cette amende fut portée en 1766 à 6 livres, par arrêt du Parlement du 26 décembre de la même année.

14° Habitude de l'impudicité. V. l'étymologie de ce mot dans le dictionnaire provençal-français de M. Honorat,

15° Juge préposé à la police, à l'administration et au recouvrement des revenus seigneuriaux. La communauté acheta cet office le 5 février 1623 pour le prix de deux cent trente écus, pour avoir le droit de nommer elle-même cet officier, qui s'appela dès lors *viguier* ou lieutenant de juge. Elle obtint aussi, moyennant la somme de 6270 livres , pour le premier consul l'office de *maire* et de *conseiller du roi*, et pour le second consul celui d'*assesseur*, titres conférés à ces magistrats en vertu de l'édit du roi de l'année 1692.

16° Ce mot est d'origine syriaque et signifie *père, chef , supérieur*. L'institution d'un *abbat*, qui paraît être une imitation de ce qui se pratiquait à Rome du temps de la république où un jeune homme, appelé *prince de la jeunesse*, présidait aux fêtes et aux jeux publics, cette institution que l'on retrouve dans le département des Hautes-Alpes, est tombée en désuétude dans nos contrées. A peine s'il en reste quelques traces dans les quartiers ruraux de Marseille. Là, au jour de la fête patronale, on voit des jeunes gens, qu'on appelle *abbats*, au chapeau emplumé, remplir cette fonction qui cesse avec la fête.

17° Ce drapeau aux couleurs de la ville était *rouge-cérise*, *bleu et blanc*. En 1749, cette enseigne étant hors de service à cause de vétusté, la communauté en acheta une autre qui coûta 37 livres 15 sous. Le compte que j'ai eu sous les yeux et qui sert à nous faire connaître le prix des étoffes à cette époque, porte :

Pour 8 pans taffetas cérise à 30 s. le pan...	12^l	
8 pans taffetas bleu à 28 s. le pan.....	12	4^s
8 pans taffetas blanc à 28 s. le pan....	11	4
Façon et fournitures.	3	7
	37	15

18° Dans cet acte tous les noms de famille sont au génitif, parce qu'il faut sous-entendre *filius*, fils de......

19° Raymond IV.

20° Le florin d'or de Florence, qui avait cours en Provence dans les XIVe et XVe siècles, est estimé valeur actuelle 8 livres 8 sous. Le sou provençal, qui faisait la seizième partie du florin, devait être estimé 16^s 16^d. Or le sou provençal était de douze deniers provençaux, dont il fallait seize pour faire le sou tournois. Le denier provençal pouvait par conséquent être estimé dix deniers une obole valeur actuelle.— *Fauris de Saint-Vincent*, mémoire sur les monnoies de Provence.

21° Louis II, comte de Provence et roi de Sicile, par lettres patentes du 1er avril 1417, approuva pour la ville d'Aix cette coutume qui datait de temps immémorial. Il est dit que, pour ne point porter préjudice aux habitants à cause de l'apport des vins étrangers, le vin des forains ne pourra être introduit dans la ville par qui que ce soit, si la milhérole ne s'y vend 2 francs. — V. *Statuts et coutumes de Provence*, tom. 2.

22° Le siège de ce tribunal n'était autre chose qu'un banc de pierre. L'histoire de Provence nous fournit la preuve que nos comtes ne siégeaient pas autrement; elle nous présente plusieurs actes comme ayant été passés devant l'église d'Aix *lou susdich comte esten assetat sus un ban de peïro* (le susdit comte étant assis sur un banc de pierre).

23° La Provence ne formait qu'un seul état sous Boson II, que presque tous les auteurs s'accordent à considérer comme le premier comte. A la mort de ce prince en 970, son héritage fut partagé entre ses deux fils, dont l'un conserva le titre de comte de Provence, et l'autre porta celui de comte de Forcalquier. Alphonse II, roi d'Aragon, comte de Provence, par son mariage avec Garsende de Sabran, petite-fille et héritière de Guillaume IV comte de Forcalquier, réunit les deux comtés en 1208, et depuis cette époque lui et les princes et rois ses successeurs jusqu'à la division de la France par départements ont pris dans leurs actes le titre de comte de Provence et de Forcalquier.

24° Ma signature ou ma marque, car ce n'était autre chose qu'un paraphe, qu'une signature quelconque, plus ou moins régulière ou bisarre, qu'accompagnaient parfois les initiales des prénoms et nom du notaire, qui toutefois était nommé au protocole de rédaction de même que le souverain dont il tenait son institution. Ce ne fut guères qu'à la fin du XV° siècle que les notaires authentiquèrent leurs actes par une signature littérale, tout en conservant leur paraphe.

25° *Sir, sen* pour *senhor*, était donné à la bourgeoisie comme à la première classe des citoyens dans les populations agglomérées; les gentilshommes (*generosi*) n'en faisaient point partie et ne pouvaient exercer aucune fonction municipale, parce qu'ils ne participaient point aux charges de la cité; c'était la règle, à laquelle on trouve cependant quelquefois des excep-

tions , comme cela s'est vu à la Cadière, où Côme de Fabri,
sieur de Saint-Jullien , fut quatre fois élu premier consul. *sen,*
contraction de *mossen*, c'est-à-dire de *sen* avec l'article , et
quelquefois *en* tout court, sans le signe de l'article , était une
qualification qui , dans le midi de la France et en Aragon , se
donnait aux personnes distinguées ; les troubadours en font
souvent usage. Les femmes portaient la qualification de *ena.*
Aujourd'hui encore , en Catalogne, le *mossen* se donne aux
ecclésiastiques , et *en* est tombé dans la vulgarité ; on dit *l'en*
Juan, *l'en* Francès, en parlant familièrement aux personnes.

26° L'abbé de Saint-Victor, seigneur spirituel et temporel
de la Cadière.

27° La salmée, ou charge de bête de somme (*asinata*) valait
16 décalitres.

28° On appelle *rodes* quatre paires d'animaux qui, en tour-
nant et en foulant le blé , forment la circonférence d'un cer-
cle , au centre duquel se tient debout celui qui les guide. Cette
méthode de dépiquer le blé , c'est-à-dire de faire sortir les
grains des épis en les soumettant au piétinement des animaux
sur une aire aplanie , est celle des plus anciens peuples ; mais
alors l'opération était beaucoup plus lente, car au lieu de chevaux on employait des bœufs, que Moyse défend de museler
(Deut. chap. XXV. v. 5). Aujourd'hui. contrairement à ce
qui se pratiquait dans le moyen-âge, la foulaison se fait dans
nos contrées avec des chevaux ou des mulets. Cette ancienne
pratique d'agriculture fixe l'attention des habitants du Nord ,
qui ont comme les Romains la méthode de battre le grain avec
de lourds fléaux :

 ..... graviter tunsis gemit area frugibus.....

      (Virgil. georg. lib. 2. V. 134.)

et donne à nos champs l'aspect le plus pittoresque et le plus
animé. Champollion a trouvé , à côté d'une scène de ce genre,
des couplets d'une chanson que chantaient les travailleurs égyp-
tiens pendant cette opération : ce que pratiquent aussi nos
joyeux provençaux.

29° La non exécution de cette clause soumettait l'adjudicataire , qui était presque toujours quelque riche propriétaire de la contrée, à des dommages et dépens que la communauté fixait elle-même , comme cela paraît par l'ordonnance suivante , rendue contre Jehan Portalis , du Bausset , qui figure comme témoin dans l'acte d'accensement des terres de Saint-Côme et de Saint-Cyr, consenti en 1554 par l'abbé de Saint-Victor en faveur de la communauté de la Cadière (voir l'histoire du prieuré de Saint-Damien page 47 et la seconde partie du cartulaire de ce prieuré).

Voici cette ordonnance :

Ordenansso per mandar querir despenssos contro Portali sy non aduec totos los egos per tout au jourt dues.

Lan mil sinq cens sinquante et tres et lou nou (*neuf*) de juilhet congregat lo honorable conselh del present lnoc de la Cadiera et en la meson comuno de la villo present mosu lo baile Sauvador Bernard , sen. Anthony Pinet et Jehan Garin conssoul , S. Jehan Chaudoin , Barthoumiou Chais , Peyron Garin, Anfossi Barthoumiou, Guilhem Chais et Anthony Bernard , conselhiers asistent, tous de un bon acort et mesme voler an ordenat et fach ordenansso que sy Portalis non a mandat per tout au jourt dues lou compliment de tos los rodos degos que deu adure per cauquar que sy mande querir despenssos de tous lous interest fach a sinquante escus dor et de solheil.

JEHAN VIAN.
(Registre n° 2. fol. 217 *versò.*)

30° Egorger, vieux mot provençal, formé du latin *macellum* (à mactandis pecoribus) tuerie, boucherie, égorgerie, en provençal *mazel* , *maseou :*

> Bramo coume un vedeou
> Qu'es menat au maseou.
> (LABELLAUDIÈRE.)

Mazel veut dire aussi lieu où l'on vend les denrées , et surtout la viande. *Musellar* est mis alors pour débiter, vendre en détail , et c'est la signification qu'il faut donner ici à ce mot.

31° La livre romaine, admise en Provence, était de 12 onces; la livre lyonnaise était de 15 onces et la livre de Paris était de 16 onces. Comment la livre lyonnaise a-t-elle été admise à la Cadière dans le XV° siècle ? il serait difficile de l'expliquer.

32° Les patacs commencèrent à avoir cours en Provence les premières années du XVI° siècle. Ils valaient deux deniers provençaux ou trois petits deniers. On leur donnait différents noms : *patacus*, *patarus*, *pataques*, *patacius*. Ils avaient commencé à être communs en Dauphiné dès le siècle précédent. Le premier acte, passé en Provence, qui fait mention des *patacs*, est une ordonnance de Louis II, de l'année 1413, qui exempte les habitants d'Arles du droit de sceau , et qui veut qu'ils ne payent qu'un patac pour le prix de la cire dont on se sert pour sceller : *nisi unum patacum ut pretium ceræ quæ expenditur pro sigillandis litteris.* — Fauris de St.-Vincent. *loc. citat.*

On voit par les ordonnances municipales de la Cadière que les patacs avaient cours en Provence dans le XVI° siècle. Louis XII et François I⁰ⁿ en firent frapper.

Six patacs équivalaient en 1483 à une parpayole ou gros blanc. En 1517 les états de Provence prièrent François I⁰ⁿ de permettre que « l'ancienne forme et coutume de forger monnoie fut gardée au dit pays mêmement touchant la monnoie noire, c'est-à-dire des deniers couronnats dont 4 valaient un liard , et aussi patacs valant les deux un liard, et chaque patac deux deniers dits couronnats , et 8 patacs valant 16 deniers couronnats, lesdits 16 deniers couronnats valant un gros provençal, qui est un sou tournois. » (Archives de la cour des comptes , registre *magdalena* fol. 206 *versò*) : ce que le roi permit.

33° Gros ou grosse , dont il est question dans ces ordonnances municipales , est le gros sou tournois , qui était à onze deniers de fin.

34° *Calenes.* Comme le 25 décembre était le plus remarquable des huit jours avant les calendes (*octavo calendas*), nos ancêtres, devenus chrétiens, conservèrent le nom de *calendas* à ce jour pour désigner la fête de Noël, et aussi parce qu'on met la tige du petit houx (*calendau*), couvert de ses fruits, dont on entoure les rameaux de nœuds blancs faits avec la moëlle du *scirpus holoschenus* sur le pain de Noël, pain que l'on place au milieu de la table, et qui pour cette raison est appelé *pan calendau*. Telle est, selon M. Honorat *loc. citat.*, l'étymologie de *calènes*. L'opinion de M. Henry, archiviste de Toulon, m'a paru préférable, et je crois devoir l'adopter. *Calène*, d'après cet estimable érudit, à qui je suis heureux de pouvoir exprimer ici toute ma gratitude, vient de *calenum*, le vin cuit, le seul vin liquoreux connu des Romains et du moyen-âge, et qu'on buvait principalement aux fêtes de Noël. De nos jours encore sur la table des villageois provençaux, réunis en famille la veille de Noël, le vin cuit est de rigueur, de même que la *reïto*. Pas de bonnes fêtes pour eux, surtout à Saint-Cyr, sans le vin cuit et la *reïto*, espèce de capilotade qu'on fait avec du poisson frit à la poële, auquel on ajoute une sauce au vin et aux câpres. Selon la statistique des Bouches-du-Rhône, ce classique ragoût nous a été apporté de la Grèce par les Phocéens.

35° Cette fourniture de viande, que l'adjudicataire de la boucherie donnait à la communauté en vertu de cette clause, servait aux deux repas que les consuls, le conseil de ville et le clergé paroissial prenaient en commun dans l'ermitage de S¹-Cyr le 2 mai et le jour de l'Ascension.

36° Quartier rural, situé à l'extrémité du chemin de ceinture qui entoure la colline du *défens* et la sépare de la riante vallée de Saint-Cyr. — *Anthumy* est formé par contraction des mots latins *ante humum*, en face du terroir, de la vallée.

37° Quartier rural situé sur le versant septentrional du *défens*.

38° On donnait le nom de *boles* (en roman *bodules*) à un espace désigné autour des villes ou bourgs, dans lequel le bou-

cher qui avait pris à ferme la fourniture de la viande jouissait
exclusivement du droit de parcours pour son bétail. Ce droit,
accordé aux bouchers par la commune, était souvent très ri-
goureux. On ne pouvait pas même tenir son propre bétail dans
son champ, si ce champ était enfermé dans les limites ou *boles*.

39° *Escalhon* vient du latin *scala*, dont le radical est *scan-
dere*, gravir, et signifie côte.

40° Il s'agit ici de l'écu d'or sol ou au soleil, qui valait 36
gros ou 36 sous tournois. Henri III, par son ordonnance du
mois de septembre 1577, fixa à 60 sous la valeur de l'écu d'or
qui ne varia pas jusqu'au mois de janvier 1590, où on le porta
à 66 sous. Sa valeur augmenta journellement jusqu'au mois
d'août 1593, où elle quadrupla. La cause de ce débordement,
dit Fauris de Saint-Vincent, *loc. citat.*, fut l'altération qu'on
fit aux pièces de six blancs ou doubles sous qu'on appelait en
Provence *Pignatelle*.

Le tableau de la fixation de la valeur des monnoies qui fut
fait par Palamède de Forbin au moment de la réunion de la
Provence à la couronne de France, tableau adressé aux consuls de Toulon le 17 avril 1483, et que M. Henry vient de dé-
couvrir dans les archives de cette ville, ce tableau nous fait
connaître ce que valait alors l'écu d'or.

...... item scus del soleil valra xxxvj parpalliolas de rey et
a solz xxxiij et a moneda de Provensa xxxj gros.

Item los demys escus de soleil valra a l'équivalent comme
dessus.

41° On entend par *cantar*, mot qui vient du latin *cantare*,
chanter, un service funèbre. *Lego unum cantare pro remedio
animæ meæ*, avons-nous lu dans un testament qui est de l'année 1361. C'était la coutume de donner à l'issue de cette grand'
messe, et dans des temps plus anciens, immédiatement après
les funérailles, un repas auquel prenaient part tous les parents
du défunt, coutume qui s'est perdue comme tant d'autres, et
qui se rattachait, non pas à celle des païens qui faisaient de
magnifiques festins sur le tombeau de leurs proches, mais à

celle que Tobie (chap. IV. v. 78) recommande à son fils , et qui s'observait chez les Hébreux (*ecclésiast*. chap. XXX. v. 18) ainsi que dans la primitive église (St-Paulin. *épist*. 33. — St-August. *confess*. lib. 6 , cap. 2).

42° *Jaquade* ou *jacade* dérive du verbe latin *jacere* , et se disait autrefois pour relevailles de couches. *Joucade* est encore un terme usité dans le département des Basses-Alpes , où il est synonyme d'accouchée. Aussi bien dans un provençal moins poli, mais plus antique et plus expressif on dit *ajoucar*, *s'ajoucar* , coucher , se coucher. L'usage de faire un repas de famille le jour des relevailles de couches s'est conservé chez nous , surtout parmi les habitants de la campagne.

43° Autrefois le jour de la fête patronale se faisait, dans chaque confrérie, un banquet auquel assistaient tous les membres de la corporation. La confrérie des muletiers , sous le vocable de St.-Eloi est à peu près la seule qui ait conservé cette antique coutume, vieux reste des agapes chrétiennes.

44° On donne au carnaval ou plutôt à son dernier jour le nom de *caramentran* , corruption de *caresme-entrant*. Le sire de Joinville, dans la vie de St.-Louis, appelle le mardi gras le mardi de *caresme-entrant*. Les Gascons disent encore aujourd'hui *caramentram*, et dans une charte de 1195, citée par Ducange (*glossarium* 1733 pag. 317) ce jour est appelé *caramentranus* ou *carmentranus*. On lui a donné aussi et à bon droit le nom de *dies hilariorum*, *carnicapium*, à cause des réjouissances et des gras festins auxquels il donnait lieu.

45° On s'accorde à dire que ce mot est d'origine germanique et signifie *prohibition*. Dans nos usages municipaux il était pris tantôt pour *peine* , tantôt pour *defense* ou *prohibition*. Quelques étymologistes prétendent que ce mot vient du provençal *bano* (corne), parce que primitivement et avant que l'usage des trompettes eût été introduit dans nos villages, c'était au son d'une corne qu'on assemblait le peuple et qu'on publiait les ordonnances municipales : ce qui se pratique encore dans quelques localités de la Suisse allemande.

46° Terrain en défense contre la vaine pâture.

47° En terme d'économie rurale, c'est un mélange d'avoine et de vesces qu'on coupe vert.

48° Champs de noisetiers.

49° Archives de la Cadière, I part. série I, n° $\frac{20}{1}$, et registre des délibérations n° 31.

50° Du latin *extraneus*, étranger, forain.

50° (*bis*) In nomine Domini Jesu Christi amen. Anno jncarnationis ejusdem millesimo trecentesimo quinquagesimo quarto die vigesima quinta mensis octobris. Noverint universi et singuli presentes pariter que futuri quod super questione vertenti jnter Raynaudum Amici castri de Cadiera sindicum et procuratorem universitatis hominum dicti castri et singularium personarum ejusdem dicto nomine agentem et Alexandrum Gamelli dicti castri deffendentem super eo quod affirmabat antedictus sindicus et procurator dicto nomine quendam fontem nuncupatum. — Fontem de Abelha — cum suis juribus jntroitus et exitus fuisse jndebite per dictum Alexandrum jn damnum non modicum universitatis ipsius et singularium personarum dicti castri occupatum destructum et damnificatum quedam per probos homines estimatores juratos curie comunis dominorum dicti castri fuisset lata sententia sive cognitio — prout de eadem constat quodam mandamento publico tenorem qui sequitur continenti : Anno domini millesimo trecentesimo quinquagesimo tertio die decima octava januarij raynaudus Gayroardi, Petrus Giraudi et Bartholomeus Laugerij probi estimatores jurati curie comunis dominorum de Caderia eorum juramentis retulerunt discreto magistro raymundo Monnieri baiulo dicte curie et mihi notario jnfrascripto se ad requisitionis jnstantiam raynaudi Amici sindici dicte universitatis et de mandato dicti baiuli accessisse ad quendam fontem comunem situm jn dicti castri territorio jn loco appellato fontem de Abelha confrontante cum terra Alexandri Gamelli, cuius fontis spatium fuisse dicitur occupatum per ipsum Alexandrum et jbidem vidisse et examinasse

subiectis oculis dicti fontis spatium super quo habitis et re-
ceptis per eos ut dicebant informationibus a pluribus personis
dicti castri per quas jnvenerunt dicti fontis fuisse occupatum
spatium dixerunt et cognoverunt eorum officium exerentes dicti
fontis spatium esse et fuisse per dictum Alexandum occupatum usurpatum et destructum. et hoc scripsi ego Guilhermus
Meroli notarius dicte curie et ipse meo signo signavi. A quaqui-
dem sententia per dictum Alexandrum fuit ut asseritur appel-
latum ad dominum judicem ordinarium dicte curie a quo quas-
dam per consequens obtinuit jnhibitorias litteras per quas da-
batur jn mandatis ut nihil super dicto negotio ageretur per
baiulum dicti castri usque ad suum primum adventum. Et
constitutus anno et die contentis jn principio huiusmodi jns-
trumenti prefatus Alexander jn presentia nobilis et circums-
pecti viri domini Guilermi de monte olivo (A) ordinarij judicis
predicte curie eundem cum justantia requisivit quathenus dig-
netur et velit ex debito sui officij ad locum dicti fontis de Abelha de quo habetur mentio jn precedenti mandamento acce-
dere remque subiicere oculis cum aliter ad determinationem
dicte cause procedere debite non posset , et per jnterim pre-
dictam sententiam sive cognitionem sic per dictos probos estimatores jrritari et annullari tanquam jniuste latam. Et dictus
dominus judex dictam requisitionem annuens tanquam conso-
nam rationi ad dictum fontem una mecum notario et pluribus
probis viris dicti castri accessit. — Et aplicitus jn loco ubi erat
dictus fons ac rem subiiciens oculis receptisque prius per eum
jnformationibus omnibus et quibuscumque que jpse Alexander et dictus sindicus dicto nomine hic jnterim dare voluerunt
et proponere coram eo. Et petentibus jpsis partibus per ipsum
dominum judicem suam sentenciam sive cognitionem fieri su-

(A) De Montolieu. Entre les familles nobles de la ville de Marseille , celle
des Montolieu , en latin *de monte olivo*, était une dés plus illustres et des
plus anciennes. Saint-Cyprien, évêque et patron de Toulon , qui siégeait au
commencement du VIe siècle, en était issu.

per predictis jn dicti Alexandri terra sita juxta dictum fontem
jpse dominus judex stans pedes ad suam sentenciam sive cognitionem processit jn hunc modum : tandem nos judex pre-
dictus visa et diligenter subiectis oculis examinata predicta
questione et omnibus alijs que partes predicte hinc jnde proponere coram eodem voluerunt Deumque pre oculis habentes
et nos signo venerabili sancte crucis munientes dicentes jn nomine patris, et filij, et spiritus sancti ut de vultu nostro rectum
procedat judicium et nostri oculi semper videant equitatem
Dicimus, Cognoscimus et Pronunciamus ac per hanc nostram
diffinitivam sentenciam declaramus dictum fontem fuisse et
esse debere universitatis hominum dicti castri precipiens jllum
aptari per dictum Alexandrum et passum introitus et exitus
dicti fontis aperiri et ad statum pristinum reduci et ad hoc ne jn
futurum valeat snper spatio circuytus dicti fontis questio oriri
jnter partes jpsas volumus, jubemus et mandamus jnter dictam Alexandri terram et jpsius fontis spatium apponi et jn-
fixari terminos qui jn futurum limitationem spatij jpsius fontis demonstrent nostram jn his scriptis presentibus sententiam
ore proprio proferentes. jn cuius fidem sic prolate sentencie
per dictum dominum judicem jnter terram dicti Alexandri et
spatium dicti fontis fuerunt statim quinque termini plantati et
jnfixati de jpsius domini judicis mandato per Petrum Giraudi
dicti castri. de quibus omnibus universis et singulis supradictis
dictus sindicus et procurator dicto nomine jnstrumentum sibi
fieri postulavit. Actum in terra dicti Alexandri prope dictum
fontem testibus presentibus nobili raymundo Bonardi de mas-
silia nobili Aycardo de Rocaforti de Castelleto et Guilhermi
Vassalhi dicti castri ad hec vocatis et rogatis et me Guilhermo
Meroli notario publico jn comitatibus Provincie et Forcal-
querij qui rogatus hanc cartam scripsi publicam et meo signo
signavi. — G. M. R.

(Archives de la Cadière, 1 part. série H. n° $\frac{1}{13}$.)

51° Délimitation du droit de parcours. Ces termes ou limites,

qu'on marquait par l'assemblage de quelques mottes de terre
en forme de pyramides, ou de pierres, qui sont appelées
Montjoies (montjoves) et plus souvent *boles* (du grec *bôlos*),
ces limites formaient dans le territoire de la Cadière une ceinture ou zone au dedans de laquelle les troupeaux étrangers ne
pouvaient paître. L'infraction était punie d'une amende de 20
sous royaux pour la première fois (*sub pena viginti solidorum
regalium pro prima vice*), comme nous l'apprend un acte du
18 janvier 1379, qui indique de la manière suivante la ligne de
démarcation qu'il n'était pas permis de franchir.

« Incipiendo a nuce chatalani (A) eundo recta linea ad ficul-
lneam Podii Barnonis (B) et deinde aqua pendente eundo recta
linea ad Balmam bertrandi Longi (C) et ab illo loco aqua pendente eundo recta linea ad collem Dalahonis (D) et ab illo loco
sequitur usque ad passum dictum *de la veruna* (E) et deinde
eundo recta linea ad puteum *dels pradals* (F) et deinde ad

(A) Quartier rural sur la frontière du terroir du Castellet, appelé *touron*,
parce qu'il s'y trouve une fontaine ou source de ce nom, auprès de laquelle
se tient quelquefois un bal champêtre, vieux souvenir du culte rendu en plusieurs lieux à une divinité nommée *telonius* (dont le peuple a fait *touron*,
toulon) que l'on croyait habiter près des sources. — Voir recherches sur
l'origine de Toulon par Pons, pag. 18, et les antiquités de Vesone tom. 1.
pag. 304, où sont rapportées deux inscriptions en l'honneur du dieu *telonius*
ou *telonus*.

(B) Montagne de Puybarnon.

(C) Communément appelé *baou barut* (du latin *abruptus*).

(D) Colline d'Alon, qui a donné son nom à un quartier rural et à un petit
port naturel où se faisaient autrefois des chargements de bois et de plâtre.

(E) La *veruna* est le nom ancien du ruisseau qui traverse et fertilise la vallée de Saint-Côme, où se trouvent les ruines de l'église prieurale de Saint-
Damien.

(F) Aujourd'hui les *Pradaux*, ainsi nommés parce qu'il y avait des prés na-
turels *pratalia*, en catalan *pradals*. C'est sous la dénomination de *pratalia*
qu'il est fait mention de ce quartier rural dans un acte de vente du 3 mai 1283,
acte approuvé par le baile du prieuré de Saint-Damien (*Archives de la Cadière* I. part. série E. n° 2-1). C'est dans son domaine des Pradaux que Portalis l'ancien venait se délasser des fatigues du barreau; là où il passa une

passum Goini (A) , posteaque sequitur continuando conturas (*contours*) usque ad lecam (B) Gonterii et sic finitur. » Archives de la Cadière I part. série D. n°$\frac{1}{4}$.

Par délibération du premier avril 1653, la communauté établit un *campier* spécial pour constater les dommages causés par les *avérages* étrangers et lui donna pouvoir de saisir dix bêtes de chaque troupeau pris en flagrant délit dans les *boles*.

52° Champs de safran. Depuis longtemps les habitants de la Cadière ont abandonné la culture de cette plante.

53° Du latin *lignum*, bois (provenant des essarts, novales ou clairières).

54° Le mot *leguo* pour *lequo* ou *leco* a diverses significations dans l'idiome provençal. Tantôt il est employé pour clairière , et il dérive alors du grec *leucos* (blanc) : tantôt il est pris pour piège , du latin *laqueus* ; d'autrefois il veut dire tas , monceau, comme en grec *lekos* et en catalan *llechos* pluriel de *lecho* , se disent des choses mises les unes sur les autres par étages , et c'est dans ce dernier sens qu'il est ici employé.

55° Quoique *aver* désigne un troupeau , on entend plus communément par ce mot le troupeau de bêtes à laine , et par *escabouet* celui de bêtes à poil.

56° Qui ne voit dans cette ordonnance , pleine de sagesse , une réminiscence de la loi de Moyse, qui recommande à notre bienveillance les pauvres, veut qu'on les secoure, qu'on les aide, et le temps des moissons doit être plus particulièrement celui de la générosité. « Quand tu feras ta récolte ... tu ne ramasseras pas les épis échappés aux moissonneurs , ou les

partie des mauvais jours de la révolution , s'occupant de la composition d'un grand ouvrage politique dont il n'a laissé que des fragments, et de l'éducation de son fils à qui cet antique héritage de ses pères n'est pas moins cher.

(A) Quartier rural connu sous le nom de *Pas de Guène*.

(B) Clairière, partie d'un bois qui a été éclaircie et mise en culture, d'où est venu le nom de *lequettes*, donné à ce quartier rural, dernier prolongement de la forêt de Conil.

grains de raisin tombés pendant la vendange ni les grappes restées dans tes vignes ou les olives à tes oliviers , mais tu les laisseras pour les pauvres , la veuve , l'orphelin et l'étranger. Je suis l'éternel ton dieu. » (Deut. chap. XXIV. v. 19. — Lévitiq. chap. XIX. v. 9).

Par cette sage disposition, le législateur a voulu accoutumer son peuple à la bienfaisance , gage de cette amitié , de cette charité qui est l'abrégé et la fin de la loi.

Dans la défense expresse d'emporter des raisins ou des gerbes hors de la propriété (Deut. chap. XXIII. v. 23-24) brille un nouveau trait de sagesse. Elle prévient un dommage considérable causé au propriétaire avec les désordres et les rixes qu'il aurait infailliblement occasionnés.

Les règlements municipaux de la Cadière, basés sur ces dispositions législatives , les expliquent et les restreignent, car ils défendent expressément de ramasser des épis avant que le propriétaire ait enlevé les gerbes, ou de s'approcher de dix pas des gerbiers , de prendre des raisins sans sa permission ou de grapiller avant la vendange , sauvegardant ainsi les intérêts du maître et les conciliant avec les besoins du pauvre.

57° Plein un tablier , ce qu'une femme peut y porter ;

A la villo des Baux per uno flourinado
Aves des froumageons uno pleno *faudado*
Que coumo sucre fin fondon au gargasson.
(LABELLAUDIÈRE.)

58° Contenance d'une corbeille.

59° Contenance d'une grande corbeille.

60° Il fallait 60 sous royaux pour un marc d'argent fin.

61° Cette coutume de laisser errer les porcs dans la campagne, coutume qui existe encore dans quelques communes de notre département , est fort ancienne. Elle rappelle ce passage de Strabon : « les porcs des Belges (*gaulois du nord*) , dit-il liv. IV, courent dans les champs. »

62° Le nom de baptême étant commun à trop d'individus

7

pour pouvoir faciliter la distinction des familles entre elles, on eût recours aux sobriquets pour désigner les membres d'une même famille. C'est l'*agnomen* des Romains.

63° C'est la chasse appelée *tirasse* en terme d'aviceptologie, nom d'un fort long filet qui sert à prendre des cailles et des perdrix avec un chien-courant.

64° Abreuvoir. On en rencontre fréquemment dans le terroir de la Cadière. Ils sont en voute et de forme carrée. Leur usage appartient, ce nous semble, à la plus haute antiquité.

65° On ne se douterait pas que la Cadière ait été autrefois un pays linicole, car il ne reste aucune trace de cette culture.

Un état du *cinquain*, imposé par la communauté sur tous les produits territoriaux pour payer la somme de 20,000 écus d'or sol (60,000 francs), contribution dont la Cadière fut frappée par le connétable de Lesdiguières lorsqu'il vint l'assiéger le 2 juillet 1592, et moyennant laquelle la ville fut exempte du pilage, cet état nous fait connaître dans quelle proportion se récoltait le chanvre comparativement aux autres produits agricoles :

Cinquain des vins.	5020
Bleds.	10325
Fromages, laines et pourques (*pourceaux*)	232
Grossans (*seigle, orge, avoine,* etc.) . .	4250
Huiles	17200
Chanvres et lins	135
Avellanes (*noisettes*)	1065
Figues (A)	1550
Foins.	201

(A) Il se fait à la Cadière un commerce considérable de fruits secs, et surtout de figues qu'on expédie à Paris dans de petites caisses. Les Romains, dit Garidel (histoire des plantes, pag. 274) faisaient du laurier un symbole du bonheur et de la santé que le peuple souhaitait aux Grands le premier jour de l'an, en leur envoyant des figues sèches, mêlées avec des feuilles de laurier. On fait encore ce mélange à la Cadière et dans plusieurs endroits de la côte maritime de Provence. Je ne sais si c'est une suite de la superstition des Romains, ou bien si, ignorant ce mystère, on ne les mêle que pour l'odeur.

66° La plus haute fontaine du terroir de St.-Damien, connu autrefois sous la dénomination de *rouvière de Saint-Damien* à cause des rouvres qui le boisaient, se nomme fontaine de la *roquette*. du bas latin *rocca* pour *roga* (A) (aumône, prière) parce que cette source se trouve dans une terre qui avait été donnée à la chapellenie de Sainte-Anne, à la charge de faire chanter le quatrième dimanche de chaque mois à l'issue des vêpres, les *gauds* (*goigs* en catalan) en l'honneur de cette sainte.

67° Quartier rural, dont le nom est formé des mots grecs *gué* (terre) et *aïssa* (fertile). C'est en effet la partie du terroir la plus riche et la plus productive.

68° Arbrisseaux qu'on a arraché en essartant et qu'on brûle ensuite.

69° Racines qui proviennent d'un terrain nouvellement défriché.

70° Le ciste, plante silvestre, dont nos ménagers se servent pour litière.

71° Cet usage devint tellement abusif que, plusieurs personnes du cortège ayant été grièvement blessées, les consuls supplièrent le prince de Lorraine, dernier abbé de Saint-Victor et dernier seigneur de la Cadière, de recevoir à l'avenir l'hommage dans l'auditoire de justice : ce que son procureur général accorda en son nom le 22 décembre 1773, à condition que si un jour le château seigneurial était rebâti, l'hommage s'y ferait de nouveau. — Regist. des délib. n° 42.

72° Archives de la Cadière, 1 part. série E. n° $\frac{21}{1}$.

73° Pièges à ressort connus sous le nom de *répuce, raquette.*

74° Terrain soutenu par un mur.

75° Terrain à talus couvert de verdages.

76° Fourmis ailées qui servent d'appât pour prendre les oisillons au piège à ressort, appelé *raquette*, en provençal *esparenquo*, que l'on tend aux abreuvoirs, sur les arbres, dans les buissons.

(A) Ducange, glossaire au mot *roga*.

77° *Paisse* pour *baisse* par le changement si fréquent du B en P. On entend par *baisses* les nouveaux jets d'un arbre qui penchent vers le sol.

78° C'est ce que les latins appelaient *stobones*.

79° Grosses racines qui tiennent au tronc d'un arbre et qu'on nomme aussi *souchets*.

80° De temps immémorial les Marseillais n'avaient pas que le droit de faire paître leurs troupeaux dans le territoire de la Cadière, en vertu d'une concession faite par Raymond Béren-ger IV d'Aragon, le 17 mai de l'an 1200 (acte qui est conçu en termes confirmatifs d'un droit plus ancien, mais dont l'authen-ticité, du moins quant à la date, est douteuse) ; ils avaient le privilège de couper du bois pour faire du charbon, et les ha-bitants de la Cadière celui de ne point payer le droit de leydes et autres impositions de la ville de Marseille (A). Ce privilège des Marseillais paraît par une lettre écrite par les consuls de cette ville aux syndics de la Cadière, qu'ils qualifient d'*honora-bles amis*, lettre dans laquelle ils se plaignent de ce qu'An-toine Cozineri, leur concitoyen (*civis noster*), aurait été em-pêché d'user du privilège de couper du bois dans le terroir de la Cadière, et ils menacent à regret les syndics de ce lieu de

(A) On trouve dans les archives de la cour des comptes de Provence, regis-tre *magdalena*, arm. A. pag. 351 une sentence contre le clavaire de Marseille. du 5 juin 1425, qui déclare les habitants de la Cadière, Ceireste et la Ciotat, exempts du droit de leydes et autres impositions de Marseille pour les mar-channises qu'ils porteront dans cette ville. L'origine de cette exemption se trouve dans une autre sentence du 14 janvier 1420, rendue contre le cla-vaire de Marseille par le vicaire de cette ville, que l'acte nous présente *suprà quendam bancum fustem versùs exhedram parieti affixam pro tribunali sedens*. Il est dit dans cette pièce, conservée aux archives de la Cadière (1 part. série B. n° 1-6 que « dans le livre rouge des privilèges de la ville de Marseille il y a une convention portant que Marseille ne pourra exiger au-cune gabelle des hommes des lieux possédés par Raymond des Baux » lequel vendit à l'abbaye de Saint-Victor par acte du 22 janvier 1365 tons ses droits sur la Cadière et autres lieux pour le prix de 6,000 florins d'or. — V. his-toire du prieuré de Saint-Damien, pag. 31.

faire valoir leur droit avec la dernière rigueur. Cette lettre , écrite en latin, sans autre date que celle du 29 décembre, mais dont l'écriture nous a paru appartenir au XIV⁰ siècle et au bas de laquelle se voit la place du sceau qui a été enlevé (ce que l'on remarque du reste dans beaucoup d'autres pièces tant à la Cadière qu'ailleurs), cette lettre, dis-je, se trouve dans les archives de cette commune, 1 part. série D. n° $\frac{1}{4}$.

81° Outre l'enceinte réservée au bétail du boucher et celle que les troupeaux étrangers ne pouvaient franchir, il y en avait une autre hors de laquelle les bœufs ne pouvaient paître. elle est désignée dans une ordonnance du 2 mars 1532 , ainsi conçue :

« Siegoun si las retentions et deffension et bolas dels cartiers del terrador del luoc de la Cadiera defora las qualas lous buous non anaran intrar ny paissar sinon en la maniera et formo come dess(o)us es escript :

Et premierament lo cartier de la Palun daqui drech al camin del Peinau ; de la † del Peinau tirant lo camin anant à la font del Sauzet (A) seguent lo camin de Gaissat...... et daqui seguent lo vallat...... et del dich vallat de Gaissat anant al pas de Sarin tirant lo dich vallat anant al pas d'Anthumy et daqui seguent lo vallat anant a sant Seris et pas d Agrena (*pas de grène*) seguent lo vallat anant a la Crau (B) de las salas , de las vanieras, la vigna de la Palun.......

(Regist. n° 1. fol. 17.)

82° Trois ordonnances successives des années 1512 , 1529 et

(A) Cette fontaine du Sauzet (*du Saule*) a donné son nom au quartier rural où elle se trouve , appelé de nos jours par corruption *le sauvet*. Il est fait mention du quartier du *Sauzet* dans un testament qui est du 20 janvier 1361 .

(B) On voit par cette pièce que la distinction en *crau* et en *palun* se retrouve à la Cadière. Dans un acte du 19 mars 1286 il est question d'une terre sise au quartier de *Las Salas*, qui fut vendue pour *le prix de 30 sous royaux monnoie de Marseille*, et dont Pierre Duneros donna l'investiture au nom du prieur de St-Damien. — Archives de la Cadière 1 part. série E. n° 2-2.

1539 prescrivirent l'emploi *exclusif* et *unique* de la langue française dans les actes publics et privés ; mais ce ne fut que la
dernière qui obtint le résultat qu'on avait essayé d'obtenir
dans les deux premières.

« On donne, dit M. Quantin dans son dictionnaire de diplo-
matique chrétienne, un singulier motif à François Ier pour cette
réforme importante. On raconte qu'un gentilhomme qu'il in-
terrogeait sur l'issue d'une affaire qu'il avait en parlement lui
répondit qu'étant venu en poste pour assister au jugement de
son procès, il ne fut pas plutôt arrivé que la cour le débouta.
Il lui montra pour preuve l'arrêt, qui portait ces termes : *dicta
curia dictum auctorem debotavit et debotat*. Le roi, étonné
d'un langage si extraordinaire, ordonna que dorénavant toutes sortes de contrats et actes judiciaires seraient dressés en
langue française. Quelle que soit l'authenticité de l'anecdote,
elle ne constate pas moins une chose vraie, c'est la barbarie
du style judiciaire. »

L'ordonnance de 1539 fut confirmée par Charles IX en 1563
et par Louis XIII en 1627. Dès l'année 1556 on trouve dans les
archives de la Cadière quelques délibérations écrites en fran-
çais ; mais pour ce qui concerne les *Capitouls*, la langue provençale resta en usage jusqu'à la fin du XVIe siècle. On a du
remarquer que jusqu'à cette époque les délibérations ne sont
ordinairement signées que par le baile et le greffier ou *escrip-
tour*, ordinairement choisi parmi les notaires du lieu, et auquel
on ne donnait en 1559 que trois écus (A) pour ses salaires. Dans
la suite les conseillers apposèrent leur signature, et quant ils
ne savaient pas signer (ce qui n'était pas rare, quoique à cette
époque la communauté entretint à ses frais un *magister des
escolles* auquel elle allouait 40 florins par an), ils faisaient une
croix.

(A) Une ordonnance municipale du 5 avril 1559 nous apprend ce que l'écu
valait alors. Elle porte « de loguar tres homes per sonar las campanos en
malvays temps et de ly donar 7 escus vallant quatre florins la pièce. »

Cette impression de croix , dit Marchetti (Explication des usages et coustumes des Marseillois tom. 1) a été de tout temps prise pour un serment dans les actes solennels et dans les contrats publics, et cet usage est commun dans l'antiquité comme dans les conciles , les bulles des papes , chartes des rois , testaments des particuliers, contrats de mariage et autres semblables instruments. Cela est si vrai qu'on nommait *stauropates* , c'est-à-dire violateurs ou fouleurs de croix ceux qui violaient leurs serments. Ainsi furent appelés les évêques de la faction de Photius.

83° Archives de la Cadière 1 part. série I , n° $\frac{20}{1}$

FIN DES NOTES DES CAPITOULS DE LA CADIÈRE.

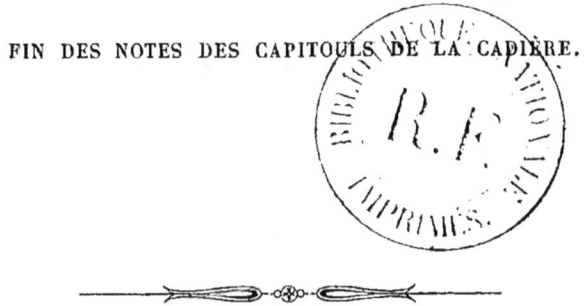

EXTRAIT

*Du Compte-rendu des travaux de la Société des Sciences,
Arts et Belles-Lettres du département du Var (séant à
Toulon), par M. l'avocat* GERMAIN, *secrétaire de la
Société, lu dans la séance publique du* **28** *Décembre* **1850.**

———————

Plein de zèle et d'ardeur pour les antiques souvenirs
de notre pays, M. le chanoine Magloire Giraud, recteur
de Saint-Cyr, membre correspondant de M. le Ministre
de l'instruction publique pour les travaux historiques,
nous a adressé l'histoire du prieuré de Saint-Damien,
grande église, aujourd'hui en ruines, dédiée aux saints
martyrs Côme et Damien, et située dans le terroir de la
Cadière. La description de ces lieux agréables inspirerait
aux artistes plus d'un ravissant paysage. L'auteur nous a
traduit ses impressions en style brillant; et nous nous
laisserions aller au charme de ses descriptions si la partie
scientifique ne nous rappelait que nous sommes en face
d'un archéologue distingué.

Dans un second mémoire et sous le titre de : *Archives
Administratives ou Capitouls de la Cadière*, M. l'abbé
Magloire Giraud a fait un choix remarquable des ordonnances municipales de cette commune, antérieures au
dix-septième siècle et relatives aux bonnes mœurs et à la
police. L'auteur, dès le début, nous fait connaître les
droits et les franchises des habitants. Dès l'origine, les
assemblées dans lesquelles se discutaient les ordonnances
et se nommaient les consuls, se tenaient sur la place pu-

blique, vieille tradition du forum romain et de son suffrage universel. Ces franchises se combinaient avec le pouvoir du seigneur, et pendant longtemps la Cadière jouit des bienfaits d'une administration toute paternelle; en sortant de leurs fonctions qui duraient une année, les consuls étaient chargés de veiller aux soins et à l'administration de l'hôpital de Ste-Marthe. Mais la commune eût aussi ses troubles, les élections devinrent orageuses, en raison du plus grand nombre de ses habitants. L'ambition, l'intrigue, la soif des honneurs sont de tous les temps; car ces troubles eurent seulement pour résultat de placer au pouvoir un plus grand nombre de conseillers sans toucher à l'organisation administrative. Ce préambule historique laisse deviner une profonde érudition, et un esprit exact et consciencieux. Le style est pur et concis. L'auteur a évité les tableaux émouvants et les grandes images. Il a fait de l'histoire administrative, et à ce titre l'ouvrage de M. l'abbé Giraud doit être dignement accueilli par les amis de la science. Une ordonnance curieuse et qui peut-être mériterait de recevoir son application de nos jours termine cette première partie. Le *cap d'ostal*, le chef de famille qui par négligence n'allait pas voter était puni d'une amende, et la même amende atteignait le consul et les conseillers de la commune qui négligeaient leurs fonctions. Honneur à nos aïeux, ils avaient compris qu'à côté du droit se trouve le devoir.

Divisé en trois parties principales, l'ouvrage de M. Giraud relate dans la première les mesures administratives prises dans l'intérêt des bonnes mœurs et de la décence à observer dans les danses. Ce dernier soin était confié à un *abbat des jouvens*, élu par le conseil municipal , et cette honorable distinction faite pour exciter l'amour-propre des jeunes gens devait avoir d'excellents résultats.

Passant ensuite aux ordonnances de police municipale, l'auteur nous montre la sollicitude des administrateurs de la Cadière pour faciliter l'écoulement des produits territoriaux et empêcher surtout que l'importation et l'exportation ne dégénèrent en une concurrence ruineuse pour les habitants. De là de sages statuts sur les denrées et les objets de consommation.

Enfin dans la dernière partie , nous ne pouvons qu'admirer les caractères de prévoyance et de simplicité intelligentes des hommes de ces anciens temps. La Cadière , il est vrai , n'était pas encore morcelée en trois communes ; elle était riche en produits agricoles , en bois et en forêts. Il fallait sauvegarder les intérêts de l'agriculture et les droits de pacâge. Aussi les règlements et les ordonnances décrétées par les conseillers municipaux obtinrent-ils la sanction du parlement de Provence ; c'est dire assez la haute sagesse qui avait présidé à la codification des ordonnances relatives à la police rurale. Nous devons des félicitations cordiales à M. Giraud , travailleur infatigable, historien distingué , narrateur érudit , il nous avait déja montré ces précieuses qualités dans son mémoire sur *lauroentum* : qu'il reçoive ici la juste récompense due à son mérite et à son zéle.

Toulon. — Imp. E. AUREL , rue de l'Arsenal, 13.